ハヤカワ文庫NF
〈NF452〉

千の顔をもつ英雄

〔新訳版〕

〔上〕

ジョーゼフ・キャンベル
倉田真木・斎藤静代・関根光宏訳

早川書房

7698

THE HERO WITH A THOUSAND FACES

by

Joseph Campbell
1949

父と母へ

目次

下巻目次

千の顔をもつ英雄

〔新訳版〕

〔上〕

一九四九年版序文

「宗教の教義に含まれた真実は、最終的には変形され、体系的に覆い隠されている」とジークムント・フロイトは書いている――

したがって大多数の人はそれを真実として認識できない。赤ちゃんはコウノトリが運んでくる、と子どもに話したときに起こることと同じだ。この場合私たちは、真実に象徴という衣を着せて話している。それはこの大きな鳥が何を表すか知った上でのことである。しかし子どもは、そんなことは知らない。私たちが歪めた部分しか耳に入らず、だまされた、と思うだけだ。子どもが大人に不信感を持ち、大人の言うことを聞かなくなるのは、まさにこういった気持ちがきっかけになることが多い。だから、子どもたちに話をするときには真実を象徴的な形に変えて伝えないほうがいいし、子どもの知的レベルにふさわしい事柄はそのままの形で教えるほうがいい、と強く思うようになった。[1]

本書の目的は、あまり難しくない例をたくさん提示して本来の意味が自然とわかるようにし、その上で、私たちのために宗教上の人物や神話に出てくる人物の姿に形を変えられてしまった真実を、明らかにすることである。宗教や神話の先師たちは、自分たちが何を話しているか承知していた。その象徴的な言葉が改めて読めるようになれば、必要なのは、その教えが自然と耳に入るように神話等を集めるアンソロジストの手腕だけとなる。しかし最初に学ばなければならないのは象徴が何を表すかということに関した決まり事で、この謎を解く鍵としては、精神分析ほど最新の方法はないと思う。これが最適ではないとしても、ひとつの手法として使ってもいいだろう。そして次は、神話や民話を世界中からたくさん集め、象徴に自らを語らせることである。そうすればすぐに類似点が明らかになり、そこから、人が地上で何千年も暮らす中で土台となった基本的な真実が、広大で驚くほど一貫した内容であることがわかってくる。

一致点を示す中で、東洋、西洋、近代、古代、原始時代などの言い伝えの違いを見落としている、という異議が出てくるだろう。同じような疑義が、解剖学に関する記述や図版についてもさしはさまれるかもしれないが、これらの図版や記述では、基本的で普遍的な理解のために、民族集団間の生理学的違いを無視している。数々の神話や宗教においても当然、差異が認められる。しかしこれは類似点について述べた本なので、そう理解してもらえれば、そのような違いなど、一般に（そして政治的にも）考えられているほど大きな問題ではない、とわかるだろう。比較論的説明によって、現代社会において宗教や政治ではなく、人間の相互理解という名のもとで統合を目指して活動しているさまざまな力の、おそらくまだ完全には絶望的になっていない大きな目的に貢献できればと願っている。『ヴェーダ』にはこうある。「真実はひとつ。賢人はそれにたくさんの名前をつけて語る」(2)

時間と手間をかけて、私の書いたものを読める形にしてくださった方々に感謝したい。執筆の最初と最後に多大なアドバイスをしてくださったミスター・ヘンリー・モートン・ロビンソン、原稿に何度も目を通し、非常に貴重な示唆を与えてくださったミセス・ピーター・ガイガー、ミセス・マーガレット・ウィング、ミセス・ヘレン・マクマスター、そして最初から最後まで付き合って、私の話を聞き、原稿を読み、直してくれた妻に。

――ジョーゼフ・キャンベル、一九四八年六月一〇日、ニューヨーク市にて。

図1　メデューサ（大理石彫刻、古代ローマ、イタリア、年代不詳）

プロローグ　モノミス――神話の原形

1　神話と夢

コンゴの呪術医が充血した目でわけのわからない呪文を唱えるのを醒めた目で面白がって聞いたり、神秘主義者老子の詩句の薄っぺらな訳を教養人の気分で喜んで読んだり、たまにトマス・アクィナス（中世ヨーロッパ、イタリアの神学者・哲学者）の難解な説の固い殻を砕いたり、エスキモーの奇抜なおとぎ話の輝くような意味がふとわかったりするときも、私たちの前にあるのは常に、形は変わっても驚くほど中身は変わらない同一のストーリーであり、これから知ったり聞いたりすること以外にも経験するべきものがあることが執拗に暗示されている。

人の住む世界では、いつの時代のどんな環境にあっても神話が花開き、人間の体と心の働きから現れるすべてのものの生き生きとしたインスピレーションの源となってきた。神話は、宇宙の尽きることのないエネルギーが人間の文化的な現象に流れ込むときの、秘密の通路と言っても言いすぎではない。宗教、哲学、芸術、原始時代や歴史時代の人間の社会形態、自然科学や科学技術における主な発見、眠りを苦しめる夢そのもの、それらが神話という根底にある魔法の輪から湧き上がるのである。

驚くのは、心の奥にある創造力の中心部に触れて刺激を与えるための特徴的な効力が、一滴の水に潮の香りがあったり、ノミの卵の中に生命の不思議が丸ごとあったりするように、最もありふれたおとぎ話の中にある、ということである。神話の象徴は作為的につくられるものではなく、注文も発明もできず、いつまでも抑えつけてはおけない。神話の象徴とは精神《プシケ》から自発的に生まれるものであり、そのひとつひとつが、自らの根源となる胚芽のような力を、損なわれることなく内に抱えているのである。

この時間を超越した幻想の秘密は何か。心の奥のどこから幻想が起こるのか。なぜどこの神話も、装いを変えながら同じなのか。そして神話は何を教えようとするのか。

今日、大勢の学者がこうした謎の分析に力を注ぐ。考古学者はイラク、河南省、クレタ島、ユカタン半島の遺跡を調べ、民族学者はオビ川流域のオスチャーク族やフェルナンド・ポー島のブビ族に聞き取り調査をしている。また最近、東洋学者の一派は、聖書のヘブライ語以前の原典に加えて、東洋の聖典への窓も開けてくれた。その間、別の学者グループも立ち上がり、民俗心理学の分野で前世紀に始まった研究を推し進めて、言語、神話、宗教、芸術の発展、道徳律についての心理学的基盤をつくり上げようとしている。

しかし、その中で特に注目したいのは、精神科の医師が提示した意外な新事実である。精神分析医が書いた大胆で画期的な著作の数々は、神話学の研究者には避けて通れない。なぜならば、特定の症例や問題についての詳細でときに矛盾を抱えた解釈をどのように考えるとしても、フロイトやユングやその系譜の学者が、神話の論理や英雄や偉業は現代も生きている、と明白に示しているからである。強い印象を与える普遍的な神話がなくても、私たちは一人ひとりが、未発達でまだ認識されていないが密かに影響力を持つ、自分だけの夢の神々を持っている。現代のオイディプスや恋する美女と野獣が、きょうの午後も、ニューヨークの五番街四二丁目の角に立って信号が変わるのを待っているかもしれない。

「ぼくは夢を見ました」とアメリカ人の若者が、ある新聞の特集記事の筆者に手紙を送った。

家の屋根板を張り直していました。不意にぼくを呼ぶ父の声が下から聞こえました。ぼくは父の声がよく聞こえるように、と思って、とっさに体の向きを変えました。そのとき手からハンマーが落ちて、屋根をすべって視界から消えました。ドサッという人が倒れる重い音がしました。

ぼくはとても怖くなって、はしごを伝って下に降りました。すると父が倒れて亡くなっていました。頭のあたりに血だまりができています。ぼくは心が張り裂けそうになって、泣きながら母を呼びました。母は家から出てくると、ぼくを包むように抱いて言いました。「あなたは悪くない。事故なのよ。父さんが死んでも、母さんの面倒をみてくれるわよね」そうしてぼくにキスをしているときに、目が覚めました。

　ぼくは兄弟の中で一番の年長で、二三歳です。妻とは別居して一年になります。どういうわけかうまくいきませんでした。ぼくは両親をとても大事に思っています。父とは喧嘩したこともありません。ただ父はぼくに、戻って妻と一緒に暮らすように、とうるさく言います。でも妻とではきっと幸せにはなれないでしょう。だから戻りません[1]」

　この、妻とうまくいかない夫は、精神的なエネルギーを結婚生活の愛情や問題に向けず、想像の世界の秘密の隠れ家にこもって、最初で唯一の感情的な関わりという今日ではばかばかしいほど時代錯誤でドラマチックな状況にいることを、驚くほどあっけらかんと語っている。それは母親への愛情のために父親に反発する息子という、子ども部屋で起こる悲喜劇的な三角関係である。明らかに、人間の精神《プシケ》の中でいつまでも消えない素質は、どの動物と比べても人間は母親の胸に抱かれて育つ時間が長いという事実に由来する。人間は生まれ出るのが早すぎる。外の世界と対峙するには未成熟で、準備が整っていない。その結果、危険な世界から全面的に守ってくれるのは母親になり、母親に守られた状態で子宮内に留まる期間が引き延ばされることになる[2]。それゆえに依存する立場の子どもとその母親は、産みの苦し

図2　宇宙の夢を見るヴィシュヌ（石造彫刻、インド、400 〜 700 年頃）

みを経たのち何カ月も、肉体的にも心理的にも二人でひとつの関係になるのである。[3] 母親がそばから少しでも長く離れると子どもは緊張し、そこから攻撃性という衝動が生じる。また母親がやむなく子どもの自由な活動を邪魔すれば、攻撃的な反応を引き起こすことになる。こうして子どもの最初の憎悪の対象は最初の愛情の対象と同じになり、最初の理想は（その後は至福、真理、美、完璧といったイメージの無意識な基本として記憶される）聖母子像が表す二者単一体になる。[4]

不運な父親は、子宮の中の居心地の良さをこうしてこの世に置き換えた至福に、現実というもうひとつの秩序を急激に押し付ける最初の存在になる。したがって初めは敵として経験される。そばにいない母親のような「悪しきもの」にもともと結び付けられていた攻撃の矛先は父親に向けられ、そばにいて育て守ってくれる母親のような「良きもの」に結び付けられていた欲望は、母親がそのまま（普通は）持ち続ける。この宿命的な幼児期の死（タナトス、デストルドー）と愛（エロス、リビドー）の衝動の配分が、今日有名なエディプス・コンプレックスの土台をつくっている。エディプス・コンプレックスはジークムント・フロイトが、私たち大人が理性的な生き物として行動できない大きな理由として、五〇年ほど前に提示した考え方である。フロイト博士が述べているように、「父ライオスを殺して母イオカステと結婚したオイディプス王は、単に幼児期の望みを叶えたことを示すにすぎない。しかし私たちはオイディプスより幸運なことに、精神神経症の患者になっていなければの話だが、自分たちの性的衝動を母親から切り離し、父親に対する嫉妬心を忘れることに成功した」(5)*さらにこうも述べている。「性生活における精神病的障害は、発達段階における抑制と考えるべきである」(6)

なぜならば多くの男たちが夢の中で見たのは
母のつれあい。しかしそれを気にしないならば
運命はずっと穏やかになる。(7)

情緒が未成熟なままで子ども部屋のロマンスにとらわれている夫、その妻の気の毒な苦境は、もうひとつ紹介する当世風の明らかにナンセンスな夢からもわかるだろう。そしてここで私たちは、奇妙な言い回しを用いるだけで、古代神話の領域に足を踏み入れようとしてい

ることを実際に感じ始める。

「わたしは夢を見ました」と、不安を抱えた女性が書き始めている。

どこへ行っても大きな白い馬がついてきます。怖くなって、馬を押しのけました。それでまだついてきているのか確かめようと振り返ったら、馬が人間の男になったように見えました。わたしはその人に、床屋に行ってたてがみを剃り落としてもらいなさい、と言いました。男は床屋に入りました。そして出てくると、ちゃんと人間の男のように見えましたが、まだ蹄《ひづめ》があって、顔も馬のままで、わたしがどこに行こうとも追いかけてきます。男がわたしにぐいっと近づいたとき、目が覚めました。

＊　父親が保護者で母親が妖婦として経験されるケースもあると指摘されている。オイディプスからハムレットへの道である。「悪い夢を見ているのでなければ、わたしはクルミの殻に閉じ込められ、無限の空間の王と思うことができるだろうに」（『ハムレット』、二幕二場）。「神経症の患者はすべて、オイディプスかハムレットのどちらかだ」とフロイト博士は書いている。

娘の場合（もう一段階、複雑になるが）、次の一節が当座の説明になるだろう。「昨夜、父が母の心臓を一突きする夢を見ました。母は死にました。父がしたことを非難する人はいないとわかっていましたが、それでもわたしは大泣きしていました。ここでほかの夢に変わったようです。父とわたしは一緒に旅行をしているようなのですが、わたしはとても幸せな気分でした」二四歳の未婚の女性の夢である。（Wood, *Dreams*, p.130）

わたしは三五歳、既婚で子どもが二人います。結婚して一四年になります。夫は浮気などする人ではないと信じています。[8]

無意識は、夢の中でも昼日《ひるひ》中《なか》でも、狂気のうちにあっても、ありとあらゆる妄想、奇妙な生き物、恐怖、幻惑などを心にもたらす。なぜなら人の世界とは、比較的すっきりとこぢんまりまとまった意識と呼ぶ住まいの床下で、思ってもみないアラジンの洞窟へ下りていくものだからである。そこには宝石もあるが、危険な魔物《ジン》も住んでいる。考えたこともなければ、人生に迎え入れようとも思わない、不都合で抑制された心理的な力である。この力に気づくことはあまりない。しかし何かの一言や、風景の中に嗅いだ匂い、お茶のひとすすり、そして一瞬見たものが魔法のバネに触れて、それがきっかけで危険な使者が頭の中に姿を見せ始めることがある。自分自身と家族を組み入れた安全な枠組みを脅かす危険な存在だ。しかしこの危険な使者はたいへんな魅力の持ち主でもある。怖くもあるが望んでもいる自己の探求という、冒険の世界全体を開ける鍵を持ってくるのである。自らが築き上げ暮らしている世界の破壊、その一部となっている自己の破壊。しかし破壊の後には見事な再建があり、より大胆で汚れのない、より高邁で完全に人間らしい生き方が待っている。これは煩わしい夜の訪問者がもたらす誘惑であり、明るい未来であり、恐怖である。そして夜の訪問者は私たちが内に抱く神話の世界からやってくるのである。

夢を判断する現代の科学、精神分析学は、こうした実体のないイメージに注意を払えと教えてきた。また、そうしたイメージを役立てる方法も発見した。自我の発達という危険な局面は、夢の科学的な知識と言語に通じた、経験ある分析者の見守りのもとでなら生起することを許される。経験ある分析者は古代の秘義を伝授された者、つまり魂を導く者としての役を演じる。原始林に囲まれた試練とイニシエーションの聖地で奥義を伝授する呪医のようなものである。精神科の医師は神話界における指導者の現代版で、潜在能力の隠れた面や言葉をすべて知っている。その役目はまさに、英雄に助言して怪しい冒険の試練や恐怖を潜り抜けさせる、神話やおとぎ話の賢者そのものである。姿を現しては龍の恐怖を封じ込める魔法の光る剣を指し示し、待っている花嫁や宝物にあふれる城のことを伝え、瀕死の重傷に効く癒しの香油を授け、魔法の夜の大冒険が終わると、最後には勝者となった英雄を元の普通の世界に返すのである。

さて、こういうイメージを念頭に置いた上で、未開の民族や過去の大文明にあったとされる変わった儀礼の数々を考えてみよう。すると儀礼の目的と実際の効果は、意識下の生き方のパターンだけでなく無意識下の生き方のパターンに変化を求める、変容という超えにくい敷居を人々にまたがせることだとわかる。いわゆる通過儀礼は、未開社会の生活においてはそのような重要な位置を占め（誕生、命名、成人、結婚、埋葬などの儀式）、形式に則ったきわめて厳しい分離の行為をなすのが特徴である。これによって、これまでの心構えや執着や生活パターンから、心は根本的に切り離される。*その後しばらく普段の世界から隔絶され、その間に、人生の冒険家を新しい段階の形や適切な感情に導くために用意された儀礼が行なわれる。やがて機が熟すと日常の世界に戻り、イニシエーションを受けた者は結果として生まれ変わったも同然になる。[9]

最も驚くことは、きわめて多くの儀礼的試練とイメージが、精神分析を受けた患者が子どもじみた固着を捨てて未来に向けて進み始める瞬間に見る夢に自然に現れるものと同じだということである。たとえばオーストラリアのアボリジニの社会では、イニシエーションの厳しい試練の主な特徴を表すもののひとつとして、割礼の儀式（これによって思春期の少年は母親から引き離され、大人の男の社会と奥義に導かれる）がある。

ムルンギン族の少年は、割礼を受けようとしているとき、父親や年配の男たちにこう言われる。「父なる大蛇がお前の包皮の匂いを嗅いでいる。包皮が欲しいのだ」少年はそれを言葉どおりに受け取り、とても怖がる。少年はたいてい、母親や祖母、かわいがってくれる親族の女たちに助けを求める。男たちは大蛇がうなり声を上げる男の場に少年が連れて行かれるのを監視するために集まっている、と知っているからだ。女たちは儀式として少年のために嘆き悲しむ。これは、大蛇に少年を飲み込ませないためである。[10]

では、無意識下の観点からこれに似たものを考えよう。C・G・ユング博士はこのように書いている。「わたしの患者の中に、蛇が穴から飛び出してきて、男性器のあたりに噛みつ いた夢を見た人がいる。この夢は、患者が精神分析が正しいと確信し、マザー・コンプレックスから解き放たれようとするときに見たそうだ[11]」

人の精神を後ろ向きに縛り付ける傾向がある人類の昔からの空想に対し、人の精神を前向きに動かす象徴を提供するのが、常に神話と儀礼の主な機能だった。実際、私たちの間で神経症の発症率がとても高くなるのは、そのような効果的な精神的救済が減少するときである。私たちはまだ儀礼を経験していない幼児時のイメージに固着し続け、大人になるために必要な道は通りたくないと思うのである。合衆国では、重要視すべきものが逆転する情念《パトス》すらある。目指すのは年を重ねることではなく若いままでいることであり、成熟して母親から離れるのではなく母親に執着することである。そして、夫たちは弁護士や実業家、指導者といった親が望んだ職業に就きながらも少年時代という神殿で祈り続け、妻たちは結婚して一四年も経ち、子どもも二人もうけて育てても、まだ愛の探求をやめない。とはいえ、前出の二番目の夢にあるように、または私たちの時代では当たり前の色気たっぷりの女神が住まう嘘にまみれた神殿で見られるように、最新の英雄のメーキャップをした、スクリーン上のケンタウロスやシレーニ、サテュロス、そして牧神パン（いずれもギリシア神話に登場する半人半獣の種族、精霊、神）の一団の、好色な夢魔からしか愛はもたらされないのだが。

こうなると精神分析家の出番で、仮面をつけた踊る呪医や割礼を施す呪術医が示してきた

＊　誕生や埋葬といった儀式では、親と親族の経験も当然、重要な意味を持つ。通過儀礼には当事者本人だけでなく、周囲の関係者にも影響を及ぼそうとする意図がある。

昔からある前向きな教えの実証済みの知恵を、改めて力説することになる。すると、蛇が噛みつく夢でそうだったように、時間を超越したイニシエーションの象徴性は、解放される瞬間に患者自身によって自然と生み出されることがわかる。こうしたイニシエーションの概念の中には、明らかに精神《プシケ》に必要な何かがあるので、その概念は、神話や儀式を通して外から与えられないのならば、夢を通じて内側から改めてわからせなければならない。私たちのエネルギーは、海の底にある陳腐でとっくに流行遅れになっているおもちゃの部屋に閉じ込められたままであってはいけないのである。

ジークムント・フロイトは著書の中で、人間の人生サイクルの前半、つまり太陽が天頂に昇りつつある幼児期と思春期に経験する通過と困難を強調している。一方C・G・ユングは、人生の後半に訪れる局面を強調した。前者にならって言えば、輝く球体が落ちて姿を消し、最後には墓という闇の子宮に落ち着くことを甘受しなければならないときである。私たちの欲求と恐れを表すいつもの象徴は逆転して、人生の午後には前半とは正反対のものを示すようになる。それはこれから取り組むことになるものが、もはや生ではなく死だからである。このとき未練を断ち切れないのは子宮ではなく男根だということになる。ただし、心が生きることに疲れていなければ、だが。そしてそのとき、以前は愛への誘惑だった至福を約束して死が訪れることになる。子宮という墓から墓という子宮へ、私たちは一周してもとへ戻る。これは、すぐに私たちの前から消えていってしまう物質の世界に、曖昧でよくわからないまま足を踏み込むことであり、夢の本質に似ている。そして自分たちだけの予測不可能で危険な冒険になると約束されたものを振り返ったとき、結局見つかるものは、世界中どこでも、記録に残るいつの時代も、奇異な様相を見せるいかなる文明においても、男と女が経験してきた、標準的な変身物語の連続性である。

たとえば、貿易が盛んだった頃のクレタ島を支配したミノス大王の話がある。ミノス王は名工匠ダイダロスを雇って迷宮を設計施工させ、見つかれば宮廷の恥になる恐ろしいものを隠そうとした。宮廷に、王妃パシファエが産んだ子、怪物がいたのである。ミノス王は交易ルートを守るための大事な戦いに明け暮れていたと言われているが、その間に妻のパシファエは海から生まれた巨大な純白の牡牛に誘惑されていた。実は、ミノス王の母親がしたことと大差はなかった。ミノス王の母はエウロパで、エウロパが牡牛に運ばれてクレタ島にやってきたことはよく知られている。この牡牛が神ゼウスで、神聖な二人の間に生まれた名誉ある息子が、今やどこへ行っても崇められ、誰もが喜んで仕えるミノスその人だった。したがってパシファエにしてみれば、不謹慎な行為によってもたらされる果実が怪物になるとは、どうして想像できただろう。小さな息子が、まさか人間の身体と牡牛の頭と尾を持って生まれようとは。

世間は王妃を激しく責めた。しかし王は、自分にもその責任があることに気づいていなかったわけではない。問題の牡牛は、ずっと以前、ミノスが弟たちと王位をめぐって争っていたときに、海神ポセイドンが送ってきたものだった。王位は神権により自分にくだされるものだとミノスは主張し、その印として牡牛を海から現し給えと神に祈っていた。そして儀式の供物《くもつ》として、象徴として、すぐにその牡牛を生贄に捧げると誓って祈禱文を封印した。牡牛は現れ、ミノスは王位に就いた。しかしミノスは遣わされた牡牛の神々しい姿を見て、こんな動物を我が物にできたらどんなに得だろうと思い、いちかばちかで、牡牛をすり替えることにした。神は気にも留めないだろうと考えたのである。そして自分が所有する牡牛の中でも一番立派な白い牡牛をポセイドンの祭壇に捧げ、遣わされた牡牛は自分の群れに加えた。

クレタ帝国は、高名な立法者であり善政のモデルにもなったミノスの賢明な法の支配のもと、大いに栄えた。首都クノッソスは、文明世界の中でも一流の、豊かで美しい商業力の中心地だった。クレタの船団は地中海の島々や港に向けて出港し、クレタの陶器はバビロニアやエジプトで評判だった。勇気ある小舟がヘラクレスの柱（ジブラルタル海峡）から外洋に飛び出すこともあり、岸に沿って北へ向かって、アイルランドの金やコーンウォールの錫を手に入れたり(12)、南に向かってセネガルの突先を回り、はるかかなたのヨルバランド（ナイジェリア南西部）を目指したり、象牙や金、奴隷の市場に向かったりすることもあった(13)。

しかし国内では、王妃がポセイドンにそそのかされて、抑えられない感情を牡牛に抱いていた。そこで夫が雇った比類なき名工匠ダイダロスを説得して、牡牛を惑わす木製の牝牛を自分のためにつくらせた。そして待ち構えたようにその中に自分が潜り込んだのである。牡牛は見事にだまされた。こうして王妃は怪物を産み、やがて怪物は危険な存在になり始める。ここで再びダイダロスが、今度は王に呼ばれ、窓のない、とてつもない迷路のような囲いをつくり、あの怪物を閉じ込めることになった。非常に迷う造りなので、つくり終えたダイダ

図3　シレーニとマイナス
(墨絵の壺、古代ギリシア、シチリア、紀元前 500 ～前450 年頃)

ロス自身も、あやうく入り口に戻る道を見つけられなかったほどだった。ここにミノタウロスはおしこめられ、それからは、征服されてクレタの領土に組み込まれた国々から貢物として連れてこられた若い男と処女を、生きたまま食事として与えられるようになった。[14]

このように、古い言い伝えによると、最初の過ちは王妃ではなく、王だったことになる。自分が何をしたかがわかっていたから、王は王妃を強く非難することができなかった。公事を私利にすり替えてしまったのである。しかし王に即位するとは、もう一個人ではなくなることを意味する。牡牛を返せば、まったく私心なく王としての自分の役割を果たしたことを示せたはずだ。逆に牡牛を手元に置いたため、自己中心的な自我の肥大化への衝動を示すことになったのである。こうして「神の恩寵により」王になったミノスは、自らのせいで危険な権力の亡者になった。伝統的な通過儀礼が、過去と決別し、未来に向かって生まれ変わることを教えてきたように、即位に伴う壮大な儀式の数々はミノスから個人としての衣を剝ぎ、神から与えられた王としての衣を着せた。職人であろうが王であろうが、それが理念だ。しかしそのような儀礼を拒むという冒瀆的行為によって、個人としての王は、共同体全体という大きな単位から一つの単位である自分自身を切り取ってしまった。こうして「一」が壊れて「多」になり、互いに利己的に争うようになって、力でしかまとめられなくなったのである。

この暴君という怪物は、世界中の神話や民間伝承、伝説、悪夢の中に現れる。その性格は基本的にどこでも同じである。皆の利益を独り占めにし、なんでも「自分のもの」と貪欲に権利を求める怪物である。暴君がもたらす暴力や破壊は、神話やおとぎ話の中で、暴君のいるところでは必ず起こるものとして描かれている。それは、暴君の家族の中だけで済む話や、暴君自身の苦悩する精神《プシケ》の話、または、ほんの少し暴君が友情を示したり手を差し伸べたりするだけで枯れてしまう命の話になる場合もある。または暴君が洗練されていく話になることもあるだろう。暴君の大きく膨らんだエゴは、周囲の事柄がうまくいっているように見えても、当人やその住む世界にとっては災いである。そして自ら独立を獲得した大物の暴君は、自ら怯え、恐怖に取り憑かれ、周囲からの予想される攻撃——主に自分が抱えるものに対する抑えられない衝動が投影されただけなのだが——に立ち向かうためにあらゆる手段を講じようと構えるので、心の中ではよかれと思っていても、世界に大惨事をもたらす使者になる。暴君が手をつくところでは、必ず泣き声が起こる（世間に広がる声でなくても、一人ひとりの心の中でもっと悲惨に）。それはここから救ってくれる英雄、光る剣を持つ英雄を求める声である。英雄が起こす風だけで、英雄が地に触れるだけで、英雄がいるだけで、そこに住む人々は解放されるだろう。

ここでは立っても横になっても座ってもいられない
山々には静寂すらない
あるのは雨をもたらさない不毛の稲妻だけ
山々には孤独すらない

ただ不機嫌な赤い顔が
ひび割れた土壁の家々の扉からあざ笑い唸る声を発するだけ(15)

英雄とは、自らの力によって服従を達成する人である。しかし何に対する服従なのか。それこそまさに、今日私たちが自らに問いかけなければならない難問であり、それを解決するのが、たとえどこにいても、英雄の重要な資質であり歴史的な行為となる。アーノルド・J・トインビー教授が文明の興隆と崩壊の法則を六巻にまとめた著作で指摘しているように(16)、魂の分裂、社会の構成体の分裂は、古き良き日に戻る方法（復古主義）や、投影された理想的な未来の実現を保証するプログラム（未来主義）では解決できず、さらに壊れそうな部分を再び溶接するような、最も現実的で堅実な仕事によってでさえ、解決できない。誕生だけが、しかも古いものを再び生み出すのではなく新しいものを生み出すことだけが、死に打ち勝つことを可能にするのである。もし私たちが長く生き続けようとするなら、魂の中に、社会の構成体の中に、間断なく続く死の再現を無効にする「誕生の再現」（パリンジェネシス、復活、転生）が絶えず起こる必要がある。なぜなら、私たちが生まれ変わらないのならば、私たちの勝利を使って義憤の神ネメシスが仕事をし、死の運命が私たちの善そのものの殻から飛び出してしまうからだ。その場合、平和は落とし穴になる。戦争も、変化も、恒久不変も落とし穴になる。現代が死の勝利を迎えるなら、死は近づく。私たちには磔《はりつけ》にされて甦る以外にできることはない。完全に切断され、そして生まれ変わるしかないのである。

ミノタウロスを成敗する英雄テセウスは、新興のギリシア文明の象徴として力として、外からクレタにやってきた。それは新しく勢いのある存在である。しかし再生の原則を、暴君が支配する領域の、まさにその壁の中で探し見つけることも可能である。トインビー教授は、創造の作業の続行を可能にする高度な精神的次元に到達できるか否かの分かれ目を、「分離」と「転生」という用語で表している。第一段階は分離または撤退で、外界から内なる世界へ、大宇宙から小宇宙へ、荒れ野での絶望から内にある未来永劫続く平安へ、重点が置かれるものを根本的に変えることにある。ところがこの領域は、精神分析からわかったように、正確には幼児期の無意識の世界である。眠っているときに入る領域だ。私たちはこの領域を永遠に抱えている。そこには、子ども部屋で聞いた人食い鬼や謎の救いの手がすべてであり、子ども時代の魔法がすべてである。そしてもっと大事なものとして、現実の大人の世界には持ち込もうとしなかった生命の潜在能力、そういう私たちの別の部分がすべてである。そういう黄金の種は死なないのである。もしその失われた完全性の一部でもさらいあげて日の当たるところにさらせたら、驚くほど能力が膨らみ、鮮やかに人生が一新するのを経験するだろう。自分精神的に大きく成長するかもしれない。それに自分が忘れてしまったことだけでなく、自分たちの世代全体または文明全体として忘れてしまったことをさらいあげることができれば、私たちはまさに福音をもたらす者、今日の文化における英雄になり、一地域どころか、世界の歴史的瞬間を飾る人物になるだろう。つまり、英雄の一番の仕事とは、二次的な意味しか持たない表舞台の世界から身を引いて、困難を生む精神《プシケ》の領域（実際に困難が巣くう領域）

へもぐりこんで、そこで何が問題かをはっきりさせて自分自身の困難を解消し（たとえば、子ども部屋で聞いた自分だけの世界にいる悪魔に戦いを挑むなど）、C・G・ユングが「元型イメージ」と呼んだものを歪曲せずに直接経験して、それと同化するまで、突き進むことである。[17] これは、ヒンドゥー教や仏教の哲学ではヴィヴェーカ（viveka）「区別」として知られるプロセスである。

ユング博士が述べているように、この元型理論は彼の創案ではない。[18]

ニーチェとの比較――「眠りと夢の中で、私たちは人類がかつて考えていたことを経験する。人は夢の中で論理的に判断するのと同じように、何千年もの間、覚醒しているときもそうしていた、ということだ。……夢は私たちを人類の文化の初期段階に連れ戻し、人類の文化をよりよく理解する方法を与えてくれる[19]」

アドルフ・バスティアンの民族学的「原質思念 ***Elementargedanken***」との比較――主要な心的特質において（ストア学派の種子的理性 ***Logoi Spermatikoi*** に相当する）原質思念は「精神的（または心的）な胚芽期の素因と考えられるべきである。この素因からすべての社会の構造は組織的に発達する」そしてそういうものとして、帰納的研究の基礎になるはずである。[20]

フランツ・ボアズとの比較――「ヴァイツが人類の単一性の問題について徹底的に論じて以来、人間の心的特性はだいたい世界中どこでも同じである、ということに疑いはあり得ない。

……バスティアンはそれを受けて、地球上のいかなる場所でも、人類の根底にある観念は驚くほど変化がないと発言した。……関連する観念にはいくつかパターンがあって、それはいかなる種類の文化でも見られるだろう」[21]

サー・ジェイムズ・G・フレイザーとの比較――「西洋の人々が、神の死と復活という概念を、荘厳な儀式――概念が礼拝者の目の前でドラマチックに表現される――と一緒にオリエントの古代文明から借り受けた、と古代と現代の研究を受けて考える必要はない。むしろ、こういう意味で東西の宗教の間で突きとめられる類似は、正しくはないかもしれないが、偶然の一致と普通に呼ぶもの、つまり異なる国の異なる空の下にいる人間の心が同じように持つ気質に対して働く同じような原因がもたらす結果でしかない」[22]

ジークムント・フロイトとの比較――「私はまさに初めから、夢に出てくるものは何かの象徴である、と認識していた。しかしその範囲と意味を十分に理解できるようになったのは、徐々にであり、経験を重ねながらである。また……ヴィルヘルム・シュテーケル……の影響もある。シュテーケルは、象徴を直接理解するという特別な才能のおかげで、直感による象徴の解釈に至った。……精神分析を進めていく中で私たちは、この種の夢の象徴性の直接的理解を驚くほど示す患者に注目するようになった。……この象徴性は夢に限ったことではなく、人が普通に持つ無意識の観念にも特有である。そして民話にも、よく知られた神話や伝説、言語的イディオム、ことわざ的知恵、今使われているジョークなどにも夢以上に完璧なまでに見られる」[23]

ユング博士は「元型」という言葉を、キケロ、プリニウス、『ヘルメス文書』、アウグスティヌスなどの古典からとったと述べている。[24] バスティアンは、自分の「原質思念」の理論がストア学派の種子的理性 *Logoi Spermatikoi* に一致すると気づいている。「主観的に認識される形」（サンスクリットの *antarjñeya-rūpa*）の伝承は、実際には神話の伝承と同じ広がりを持ち、神話学上のイメージを理解し利用するための鍵になる。この先、たっぷり紹介していこう。

見つけ出し同化すべき元型はまさに、人類の文化の年代記に沿って、儀礼や神話や幻想の基本的イメージにインスピレーションを与えてきた。これら「夢に現れる永遠の神」[25]は、常に苦しむ人の悪夢や狂気の中に現れる、個人的に手を加えた象徴的な姿と混同してはならない。夢は個人に属する神話で、神話は個人を排した夢である。神話も夢も、精神《プシケ》の原動力という一般的な意味においては象徴である。しかし夢においてその形は、夢を見る者の抱える問題によって歪む。その一方で神話では、提示された問題とその解決法は、すべての人間に直接あてはまる。

　したがって英雄は、個人的、地域的、そして歴史的な限定を超えて、普遍的に通用する標準的な人間の形を目指して闘える人であれば、男女を問わない。そういう人の洞察や思想、インスピレーションは、人間の命と思想の源泉から生み出されたときのままである。したがって今日の崩壊していく社会と精神を物語るのではなく、社会が生まれ変わるときに通る消

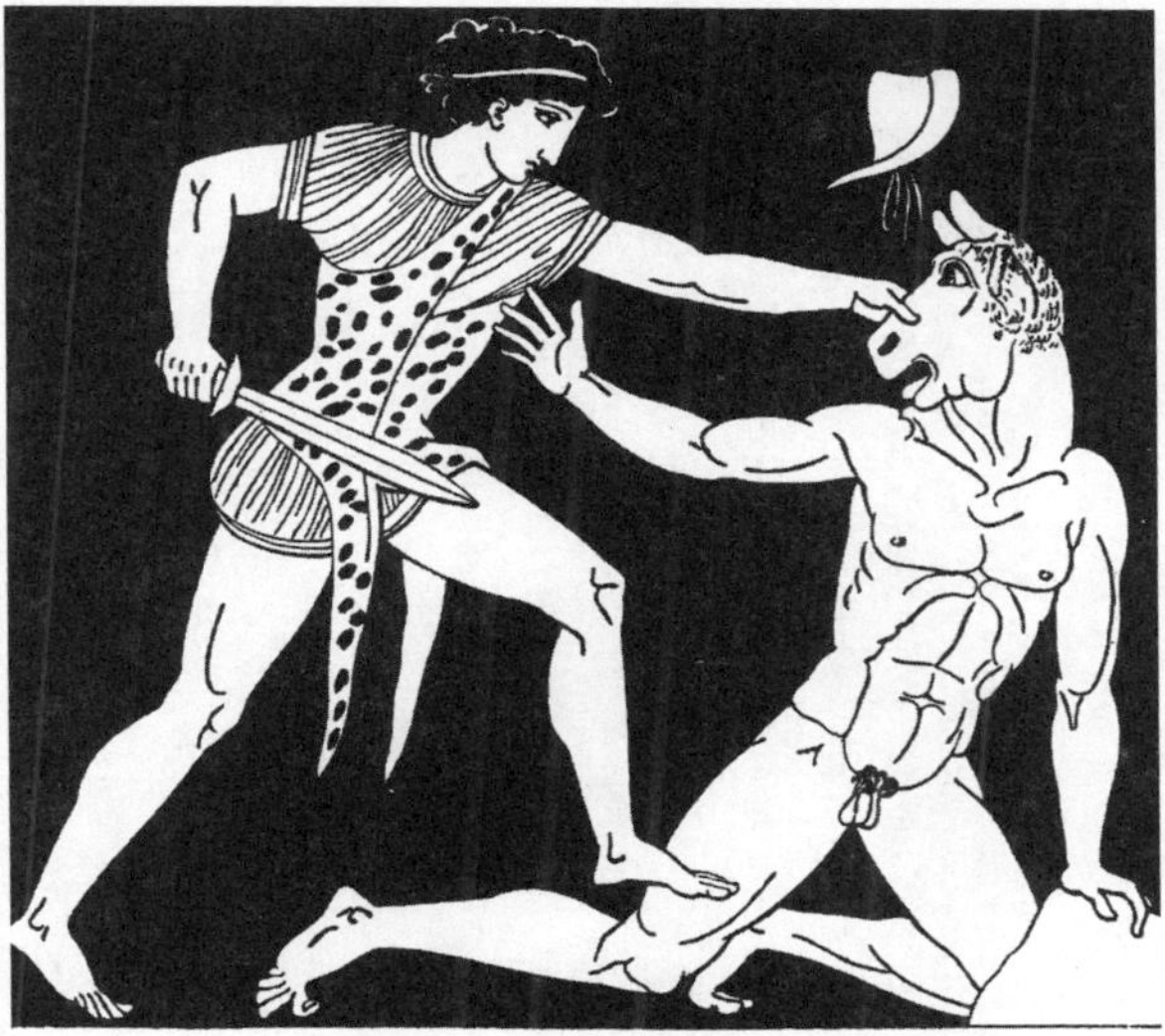

図4　ミノタウロスの闘い
（赤絵、広口瓶クラテール、ギリシア、紀元前470年頃）

滅しない源泉を雄弁に物語る。英雄は今を生きる人間としては死ぬが、不滅の存在として、完成され特定されない普遍的な人間として生まれ変わる。したがって、英雄の次の神聖な務めと行動は（トインビーが言明するように、そして人類のすべての神話が示すように）、姿を変えて私たちのところに戻ってきて、新しくなった命について学んだ教訓を伝えることである。

しかしながら、トインビー教授には反論しなければならない。教授は、キリスト教の考え方はこの二つ目の仕事を教える唯一の教義である、と唱えることで、神話の実情を誤って伝えている。あらゆる宗教が、あらゆる神話や民間伝承と同じく、そのことを教えている。誤解に至ったのは、ニルヴァーナ（涅槃《ねはん》）やブッダ、菩薩といった東洋の思想を、手あかのついた誤った解釈で考え、誤った解釈のまま、より洗練させた神の国というキリスト教の思想の解釈と対比させたからである。これが教授を、現代の世界情勢の救済はローマカトリック教会の権力へ戻ることにある、と考える誤りへと導いている。

「わたしは大きな町の奥のほうを、ひとりで歩いていました。スラム街のようなぬかるんだ通りには、小さくて粗末な家が並んでいます」と、現代のある女性が見た夢について書いて

いる。

ここがどこだかわかりませんが、探検するのは好きでした。むき出しの下水管と思われるものを越えて続く、ひどくぬかるんだ道を選びました。両側には掘立小屋が並んでいます。と、細い川が目の前に現れました。その向こうの小高いところはぬかるんでいない土地で、舗装した道路が通っています。川はきれいで透き通り、草の上を流れています。水の中で草が揺れるのが見えるほどです。でも渡る方法がありません。そこでわたしは一軒の小さな家に行き、ボートを貸してくれるよう頼みました。その家の男が、いいとも、渡らせてあげよう、と言いました。そして小さな木の箱を持ってきて、川の縁に置いたのですが、そのときわたしは、この箱があれば簡単にジャンプして越えられる、と思いました。これで危険なことはなくなったので、その人に十分なお礼をしたい、と思いました。

この夢のことを考えると、ぬかるんだところに行く必要はまったくなく、舗装された道を快適に歩くことを選べたはずだ、と今ははっきり感じます。むさくるしく足元のぬかるんだ場所に、冒険が好きだからという理由で行ってしまった。そして歩き始めれば、足を止めるわけにはいかない……。夢の中でわたしがひたすらまっすぐ進み続けることに固執したのを考えると、この先に何かいいことが待っているとわかっていたに違いない、という気がします。たとえば草が揺れるきれいな川とか、向こうの小高いところに見える安全で舗装された道とか。そういう言い方で考えると、生まれることを決めた、むしろもう一度生まれ変わる、ということでしょうか。精神的な意味ですが。おそらく、魂の目的地に向かう安らかな川や歩きやすい道を見つける前に、暗く遠回りの道を行かなければならない人もいるのでしょう。[26]

夢を見たこの女性は優れたオペラ歌手で、目下の安全に見える普通の道を選ばず、外の音にも内なる声にも耳を傾ける人に微かに聞こえてくる特別な召命の冒険を選ぶ人たちと同じように、自分の道をひとりで歩かなければならなかった。普通なら出会うことのない困難を通り抜けて、「スラム街のようなぬかるんだ道」を通り抜けて。彼女は、ダンテの言う「暗い森、われらの旅路の途中」である魂の暗い夜と、地獄の悲哀を知っていた。

わたしの中に憂いに満ちた都に通じる道があり、
わたしの中に永遠の憂いに通じる道があり、
わたしの中に迷える人々の間を通る道がある。[27]

英雄が冒険をするという普遍的な神話の基本的概要が、この夢の中で細部まで再現されていることは注目に値する。こうした危険や障害、途中の幸運といったとても重要なモチーフが、このあと本書で紹介するさまざまな形姿の中で屈折されていることに気づくだろう。最初にむき出しの下水管を越え、*それから草の上を流れるきれいで透き通った川を渡り、†きわどい瞬間に善なる助けが現れ、‡最後の流れを越えたところに堅固な小高い土地が現れる（地上の楽園、ヨルダンのかなたの土地）§。これらは魂の勇壮な冒険を見事に謳《うた》い上げる、途切れることなく繰り返し現れるテーマである。そして密かな召命に耳を傾け従おうとした者は、危険で孤独な通過の脅威を承知している。

鋭く砥《と》いだ刃の、渡り難いこと、
詩人は名付ける――難儀の道とはこれのこと[28]

---

* ダンテの『神曲』「地獄篇」（XIV, 76-84 Dante Alighieri, *The Divine Comedy*, vol I p.89）との比較――「小さな流れ、その赤さがわたしを身震いさせる。……罪深き女たちが分かち合うように」

† ダンテの『神曲』「煉獄篇」（XXVIII, 22-30, 前掲書 vol. II, p.214）との比較――「さざ波とともに川の流れは……岸辺の草を左へ倒していた。この世のいかに透き通った川の水でも、何も隠さないこの川の水と比べれば、何かが混じっているとしか見えないだろう」

‡ ダンテのウェルギリウス。

§ 「むかし黄金時代とその栄華を歌にした者は、あるいはパルナッソス山で地上の楽園を夢見たかもしれない。ここは罪なき人間の故郷、常に泉が湧き果実にめぐまれる。これはみなの言う神の酒だ」ダンテの『神曲』「煉獄篇」（XXVIII, 139-144, 前掲書 vol. II, p.219）

夢を見た女性は、川を渡るときに小さな木の箱の助けを借りる。普通なら小舟または橋を使うところだが、夢の中ではこの箱が代わりを務める。これは彼女自身の優れた才能や徳の象徴で、これで世の荒波を越えてきた。彼女はその連想について説明していないので、箱の中にどんな特別な物が入っているかはわからない。しかしまちがいなく、パンドラの箱のようなものだろう。それは神々から美女への神性の贈り物で、この世に存在するものの、ありとあらゆる困難と天恵の種が詰め込まれ、一方で人を元気づける徳や希望も入っている。これを使って、彼女は川の向こう側に渡る。そして似たような奇跡によって、自己発見や自己発展という困難で危険な務めをする人はみな、人生の大海を運ばれるのである。

たいていの人は、男も女も、比較的無意識な市民的で部族的な習慣である、あまり冒険的ではない道を選ぶ。しかしそういう人たちもやはり救われる。社会に受け継がれた象徴的な援助の手や、通過儀礼、神の恵みを生む秘跡など、救い主によって大昔の人類に与えられ、何千年もの間伝えられてきたもののおかげである。内なる召命も外部の教えも知らない人たちだけが、どうしようもない苦境に陥る。つまり、今日を生きる大多数の私たちが、心の内でも外でもこの迷宮に迷い込んでいるのである。なんと悲しいことではないか。あの情け深い乙女アリアドネのような、ミノタウロスに立ち向かう勇気をもたらすわかりやすい手がかりを授けてくれる案内人、そして出くわした怪物を退治した後に自由への道を見つける方法を授けてくれる案内人はどこにいるのだろう。

ミノス王の娘アリアドネは、ミノタウロスに食べさせるために連れてこられた大勢の気の

図5　神道の火の儀式（ジョーゼフ・キャンベル撮影、日本、1956年）

毒なアテネ人の若い男と乙女が船から降りてきたとき、その中にいたハンサムなテセウスを見たとたん、恋に落ちた。彼女はテセウスと話をする機会をつくり、わたしをクレタ島から連れ出し妻にしてくれるなら、迷宮から抜け出す手立てを用意しましょう、と言った。約束はなされた。アリアドネは名工匠のダイダロスに助けを求めた。迷路が建設されたのも、アリアドネの母が迷路の住人を産めたのも、ダイダロスの技巧のおかげだったからである。ダイダロスが用意したのは、麻糸のかせだけだった。迷路に入った英雄は、これをまず入り口に留めて、迷宮の奥に進みながら糸のかせをほどいていけばいい。こんなものでいいとは、本当に驚きである。しかしこれがなかったら、迷宮への冒険に希望は持てない。

些細なものは身近にある。罪深い王に仕え、迷宮の恐怖を支える知恵袋となった人自身が、自由という目的のために容易に手を貸す、というのも奇妙な話である。しかし英雄的な心情は身近なところにあるに違いない。何世紀もの間、ダイダロスは技術と知恵の典型だった。奇妙なほど私心のない魔性の存在で、通常の社会的評価を超えて、時代の倫理ではなく、自分の技術という倫理に身を捧げた。彼はものの考え方、という点において英雄である。いちずで勇気があり、真実が人を自由にすると知って、その信念に満ちている。

ゆえにアリアドネがそうだったように、私たちもダイダロスに目を向けるといい。麻糸のための亜麻は、ダイダロスが人間の想像力という場から集めた。何世紀にもわたる耕作、何十年にもおよぶ入念な選別、おびただしい数の人の心と手による作業があって、梳き櫛で梳き、仕分けし、堅く撚《よ》った撚糸を紡いだ。それに、私たちはひとりで冒険に挑む必要がない。かつての英雄たちがすでに私たちの前を歩いているからである。迷宮の正体もすっかり知れている。私たちは英雄が用意してくれた糸の道をたどればいい。そうすれば、忌まわしきものを見つけるつもりだったのが神に出会い、出会った者を殺すつもりだったのが自らを殺し、外の世界へ飛び出すつもりだったのが自分自身の存在の中心に戻り、ひとりでいるつもりだったのがすべての世界と共にいる、ということになるだろう。

2　悲劇と喜劇

「幸福な家庭というものは、どれも似通っているが、不幸な家庭はどれもが、それぞれの形で不幸である」レフ・トルストイ伯爵は、現代の英雄、アンナ・カレーニナの精神が切り刻まれる小説を、この予言的な言葉で始めている。妻であり母でありながらいちずに愛に走ったこの女性は、心を乱して自ら列車の車輪の下に飛び込み、魂がすでにそうなっていたことを示すかのように、方向性を見失った悲劇を終わらせた。それから七〇年、ロマンスと新聞記事と記録に残らない苦悩の叫びが絶え間なく騒々しく響くディオニュソス賛歌はその間に激しさを増し、迷宮の怪物を讃えるほどになった。慈悲深ければ世界に活気を与える素因となる神が、怒りと破壊と逆上を見せているのである。現代のロマンスはギリシア悲劇に似て、いずれ生となる切断の神秘を讃える。ハッピーエンドは誤った解釈だとして、ただ軽蔑される。これまで見てきたように、私たちが知っているように、世界はただ一つの結末しか生み出さないからである。それは死であり、崩壊であり、切断であり、愛したものの形が消えたときの心の痛みである。

「憐れみとは、人の苦難の中に重々しく不変なものが存在するときに心をとらえる感情であり、苦しむ人と心を結び付ける感情である。恐怖とは、人の苦難の中にやはり重々しく不変なものが存在するときに心をとらえる感情であり、隠された原因と心を結び付ける感情である(29)」イングラム・バイウォーターが訳したアリストテレスの『詩学』(30)の序文でギルバート・マレーが書いているように、悲劇の「カタルシス」（悲劇を見る人が憐れみや恐怖を通して抱く「浄化」や「浄罪」）は、かつて儀式で用いられた「カタルシス」（前の年の汚れや毒、罪や死の連鎖からコミュニティを浄化すること）に相当する。これが、八つ裂きにされた牡牛の神ディオニュソスを祀る祭祀と宗教劇の役目だった。宗教劇では、瞑想する心は死ぬことになっている肉体とは結び付かず、一時《いっとき》肉体に宿って、その間幻影（受難者でもあり隠れた原因でもある）をまとって実体になる、途切れることのない命の本質と結び付く。つまり「人の顔を壊す悲劇(31)」が私たちの死すべき肉体を裂き、粉砕し、溶かしたとき、私たちの自我が溶け込む基層と結び付くのである。

現れよ、現れよ、形や名前がなんであろうとも、
山の牡牛だろうが、一〇〇の頭を持つ蛇だろうが、燃え立つ炎のライオンだろうが、
神よ、獣よ、神秘よ、来たれ(32)。

空間と時間の世界での偶然の瞬間に経験する論理的情緒的関わりに訪れるこうした死、私たちの消滅という口づけを受けて勝利を喜び祝う普遍的命を認識し、そちらに視点を移すこ

と、必ず死ぬという「運命への愛」アモル・ファティ――これらは悲劇的芸術の経験となる。そこに死の喜び、救済の歓喜がある。

わたしの命は尽きた、僕《しもべ》のわたし、
イーデー山のユピテルに導かれたわたし。
夜中にザグレウスが彷徨《さまよ》うところを
わたしは彷徨い、
その雷のような叫び声に耐え、
その赤く滴る血の祝宴を満たし、
母なる大地の山の火を守った。
今わたしは解放され、名前を戴く。
鎧《よろい》をつけた神官バッコス、と。(33)

近代文学の多くは、私たちの前に、周辺に、内に無残に散らばる破片を、勇気をもって用心深く観察するためにある。大量殺戮に物申したい、大きな声で非を訴えたい、解決策を示したいという自然な衝動が抑えられたところでは、ギリシア悲劇よりも（私たちにとって）説得力のある、大きな悲劇の芸術が姿を現す。現実的で身近でさまざまな角度から見て興味深い民主主義の悲劇である。そこでは金持ちの家だけでなく庶民の家でも、悩み傷ついた人一人ひとりにも悲劇的結末があり、その中で、神が磔刑《たっけい》に処されているのが見える。そして厳しい支配を忘れさせるような天国や来世の至福や償いを思い描くこともなく、子宮から投げ与えられた命を受け取っては食べようとして失敗する完璧な暗闇、つまり満たされないという喪失感があるだけなのである。

これに比べると、私たちの小さな成功物語の数々は情けなく見える。失敗や喪失、幻滅、皮肉な非充足感といったものの辛さが、世のねたまれる身分の人たちの感情さえも苛立たせることは、よくわかっている。したがって喜劇を悲劇と同じく上等なものとして扱う気はない。喜劇は、諷刺としては許容でき、楽しみと考えれば現実逃避の快適な避難所になるが、「幸せに暮らしましたとさ」といったおとぎ話は、真剣には受け止められない。子ども時代のネバーランドに属し、やがて嫌でも知るようになる現実から守られているからである。それは、人生がすでに後方へ退き、心が夜に移行していくときの最後の関門に備えていなければならない年寄りのために「天国で暮らしましたとさ」といった神話があるのと同じである。そうした現代西欧の醒めた価値判断は、おとぎ話や神話、神々の贖《あがな》いの喜劇に描かれる事実の完全な誤解の上に成り立っている。古代の世界ではこうした神々の喜劇は悲劇よりも上等なもので、より深い真実、より厳しい現実、より確固とした構造、そしてより完全な啓示を表すものとみなされていた。

おとぎ話や神話、魂を表す神々の喜劇のハッピーエンドは、人類の普遍的な悲劇と矛盾するものとしてではなく、それを超越するものとして読むべきである。客観的な世界は過去の姿のままだが、主体の中で重要視するものが変わると、形を変えたように見えてくる。以前は生と死が争っていたのに、今では永続するものが顕在化する。鍋で煮立つ水が泡の運命に無関心だったり、宇宙が銀河の星々の出現や消滅に無関心だったりするのと同じように、時が起こすことに無関心になる。悲劇とは形あるものを壊し、形あるものに対する私たちの固執を壊すことである。喜劇は荒々しく無頓着で無尽蔵の、自分ではどうにもならない人生の喜びである。したがって悲劇と喜劇は、両者を内包し両者によって区別される、ひとつの神話的主題と経験を表す言葉となる。つまり下降と上昇（カトドスとアノドス）であり、ともに命という啓示の全体性を形作る。そして罪（神の意志に従わないこと）と死（死すべき形態と同一化すること）の毒から清められる（カタルシス＝浄化《プルガトリオ》）には、人はその両方を理解して受け入れなければならない。

「すべてのものは変化し続け、消滅するものはない。魂はさまよい、あちらこちらを歩き回り、気に入った入れ物があれば、そこに棲みつく。……かつて存在したものが今は存在せず、かつて存在しなかったものが今はやってきたからだ。こうしてまた、ものごとは一周する[34]」

「肉体だけが、永久に存在する不滅で不可解な自己が宿る肉体だけが、終わりを迎えると言われている[35]」

　悲劇から喜劇に通じる暗い心の道には特有の危険とそれに対処する方法がある。それを明らかにするのが、まさに神話の役目であり、おとぎ話の役目である。そのため挿話は幻想的で「非現実的」であり、物理的な偉業ではなく精神的な偉業を表す。伝説が歴史上実在した人物の物語であっても、勝利をもたらす行為は、現実的ではなく夢に出てくるような形態で表現される。なぜならば、そうした行為を実際に行なったということが大事なのではなく、そういうことが実際に行なわれる前に、それとは別の、もっと重要でもっと基本的なことを、私たちみんなが知っている夢の中の迷宮で経験しなければならなかった、ということが大事だからである。神話の中の英雄が通るところは、偶然にも実社会にあるかもしれない。基本的には内面、しかも、よく見えない妨害を克服して長く忘れていた力が復活する心の奥底にあり、世界の変容に対応できるようにしている。これができれば人生は、時間に打ちのめされる災厄、忌まわしい空間となる災厄、そういうどこにでもある災厄による恐ろしい切断を経験して絶望的に苦しむことはない。目に見える恐怖や心を乱す苦悩の叫びはまだあるものの、あらゆるものを満たし励ます愛と、打ち負かされていない力があるという認識によって、人生は満たされるようになる。普通なら不透明な物質性を持つ深淵の中で、目には見えずに輝く何かの光が、しだいに大きくなる音とともに姿を現す。そして恐ろしい切断は、内在する不滅の永遠の影にすぎないとわかる。時は栄光の前にひれ伏し、世界は天使のような不思議な、しかしおそらく結局のところ単調な、天球の魅惑的な音楽に合わせて歌う。幸せな家族と同じように、神話と救済された世界もよく似ているのである。

図6　怪物使い
（象嵌とラピスラズリ、シュメール、イラク、紀元前 2650 ～前2400 年頃）

3　英雄と神

英雄の神話的冒険がたどる標準的な道は、通過儀礼が示す定型――分離、イニシエーション、帰還――を拡大したものであり、モノミス（神話の原形 monomyth）の核を成す単位と言ってもいいだろう。(36)

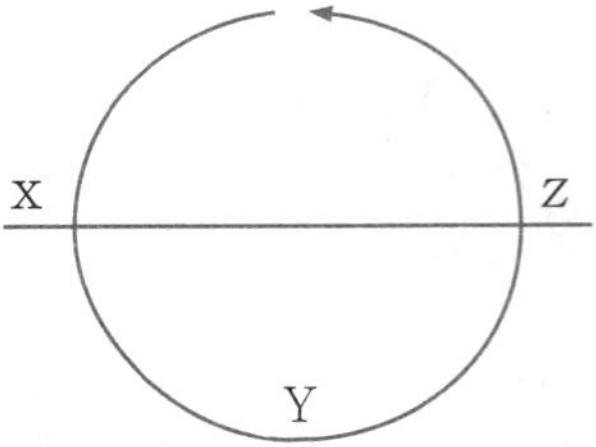

英雄はごく日常の世界から、自然を超越した不思議の領域（X）へ冒険に出る。そこでは途方もない力に出会い、決定的な勝利を手にする（Y）。そして仲間（Z）に恵みをもたらす力を手に、この不可思議な冒険から戻ってくる。

プロメテウスは天界に上り、神々から火を盗んで地上へ降りてきた。イアソンは「ぶつかり合う岩」の間を抜けて、驚異にあふれる海に漕ぎ出し、金の羊毛を守る龍の裏をかいて、羊毛と本来自分のものである王位を簒奪者から奪い返す力を手に、戻ってきた。アイネイアスは冥界に降りていき、恐ろしい死の川を渡り、三つの頭を持つ番犬ケルベロスに餌を与えて、ようやく死んだ父親の影と話ができた。そして魂の行き先、このあと建国することになっているローマの運命、「そしてどのような方法で、訪れる苦難を避け、耐えればよいか」がすべて明らかにされた(37)。アイネイアスは象牙の門（夢を司るオネイロス神の館の門）を通って現世の務めに戻った。

英雄の役目の難しさと、それをしっかり理解して厳粛な雰囲気の中で実行するときの崇高な重要性を格調高く描くのは、「ブッダの偉大な闘争」という昔からの伝説である。若き王子ゴータマ・シャーキャムニは王子専用の馬カンタカに乗り、誰にも言わずに父の宮殿を出て、警備のついた門を奇跡的に抜け、六万の四倍にもなる精霊の灯りに付き添われて、夜の闇を駆けた。そして一一二八キュービット（約五〇〇メートル）もの幅がある雄大な川を軽々と飛び越え、刀の一振りで王子の印の髪を切った。残った髪は指の幅二本分の長さで、右に巻いて頭に張り付いた。僧衣を身に着けたゴータマは、物乞いをしながら世界を歩き回り、目的もなく歩き回っているように見えた何年もの間に、瞑想の八段階を習得し超越に達した。そして庵に引きこもり、さらに六年間厳しい修行に力を注ぎ、禁欲生活を極限まで続け、一見死んだようになって倒れ、やがて回復した。そののちゴータマは、そこまでは厳しくない漂泊する苦行僧の生活に戻った。

ある日、ゴータマは木の下に座り、世界の東四半分について考えていた。彼が発する光で木も輝いた。そこへスジャータという名の女の子がやってきて、黄金の器にミルク粥を入れて差し出した。ゴータマが空にした器を川へ投げ込むと、器は川上に向かって流れた。偉業の瞬間がそこまできた証である。ゴータマは立ち上がり、神々が飾り立てた一一二八キュービットもの幅の道を進んだ。蛇や鳥、森や野の精霊が、花の香りやこの世のものとも思えぬ芳しい香りでゴータマを讃え、天上の合唱隊が音楽を注ぎ、一万世界が、芳香や花の冠、唱和や喝采で満たされた。「偉大なる悟りの木」である菩提樹に向かい、そこで万物の救済をすることになったからだ。ゴータマは堅く心を決めて菩提樹の下「菩提の座」に身を置いた。するとすぐに愛と死の神カーマ・マーラがやってきた。

この恐ろしい神は、象に乗り、一〇〇〇の手に武器を持って現れた。前に一二リーグ（約五八キロメートル）、右に一二リーグ、左に一二リーグ、後ろは世界の果てまで続く軍隊に囲まれている。兵の背の高さも九リーグ（約四三キロメートル）あった。宇宙を守護する神々も飛んできたが、未来のブッダは菩提樹の下でじっとしたまま動かない。そこでカーマ・マーラは攻撃を始めて、ゴータマの瞑想を止めさせようとした。

ブッダの悟りは、東洋の神話の中で何よりも重要な瞬間で、西洋の磔刑に相当する。「悟

図7　菩提樹の下のブッダ（片岩彫刻、インド、9世紀後期～10世紀初め）

りの木」（菩提樹）の下のブッダと聖十字架（贖いの木）のキリストは相似形で、元型的な「救世主」「世界樹」といった、大昔からのモチーフを具現化している。この後に紹介するエピソードにも、このようなモチーフが形を変えてたくさん登場する。「菩提の座」や「カルヴァリ（ゴルゴタ）の丘」は、「世界のへそ」「世界軸」といったイメージである（69頁を参照）。

伝統的な仏教美術には、大地に証言を求める場面が描かれている。ブッダが典型的な姿勢で座り、右手を右膝に乗せ、その指で軽く大地に触れている。

大事なのは、ブッダの境地（悟り）は人に伝えるものではなく、悟りへの道筋だけが伝えられる、ということである。名も形も超えた真実を直接伝えることができないという教義は、偉大な東洋的伝統にとって基本で、プラトン哲学にも似る。科学の真実は伝えることができ、識別できる事実を合理的な根拠とした明確な仮説だが、儀式や神話や形而上学の場合は、超越した啓蒙のほんの入り口への手引きにすぎず、超越した啓蒙への最後の階段は、一人ひとりが各自の寡黙な経験の中で昇らなければならない。だからサンスクリットの用語の一つでは、賢人のことをムニ、「静かな人」という。シャーキャムニ（ゴータマ・ブッダの数ある尊称の一つ）は「静かな人、釈迦族の賢人（ムニ）」という意味になる。シャーキャムニは世界に広まった宗教の創設者だが、彼の教義の究極の核心は、必然的に静かに隠されたままである。

つむじ風、岩々、雷と炎、血煙のあがる鋭い刃剣、燃える炭、熱い灰、煮えたぎる泥、火傷するほど熱い砂、四重の闇――敵対する神は救世主に襲いかかった。しかし飛んでくるものはすべて、ゴータマの一〇の修行の力によって天の花や薬に姿を変えた。するとカーマ・マーラは、愛欲、焦慮、渇愛という三人の娘に官能的な供人をつけて送り込んだ。しかし「偉大なる者」の心は取り乱すことがなかった。ついにカーマ・マーラは「菩提の座」に座るのは自分である、と異議を唱え、怒って鋭い切れ味の円盤を飛ばし、山の岩をゴータマに向かって投げつけろ、と大軍隊に命じた。しかし未来のブッダは手を動かして指先で大地に触れるだけ。そうして、自分こそ今いる場所に座る者であることを示してほしいと、大地の女神に頼んだ。女神が何百回何千回何万回も咆哮してそれを証言すると、敵対する神が乗った象がひざまずいて、未来のブッダに服従の意を示した。すると軍隊は散り散りになってあっという間に姿を消し、あらゆる世界の神々が花輪を撒き散らした。

日の入りまでにこの前哨戦に勝ったゴータマは、夜になってすぐに自分の前世の存在を思い出し、しばらくして全知の洞察力を持つ神の目を与えられ、最後には因果の連鎖を理解した。夜明けまでに完全な悟りを開いたのである。

それから七日間、悟りを開いてブッダになったゴータマは至福の中でじっと座った。次の七日間は、少し離れたところに立って悟りを開いた場所をじっと見つめ、さらに次の七日間は、座っていたところと立っていたところの間を行ったり来たりした。そしてまた七日間、神々が用意した屋敷にとどまって因果律と解脱についてのすべての教義を再び吟味し、続く七日間は、スジャータが黄金の器にミルク粥を入れて持ってきてくれた木の下に座って、ニルヴァーナ（涅槃）の甘美の教義について瞑想にふけった。それから別の木の下に移ったところ、七日間大嵐が吹き荒れたが、このときには蛇の王が木の根から現れて、頸部をひろげてブッダを守ってくれた。そして四本目の木の下で七日間座り続け、いまだ消えない解放の甘美に浸った。やがて、自分の教えは人々には伝わらないかもしれないと気づき、この知恵は自分の心にだけ留めようと思った。しかし創造神ブラフマーが天頂から降りてきて、神々と人間の指導者になってほしいと懇願した。こうしてブッダは説得され、道を説くことになる。そして人々の集まる町へ戻り、世界中の人々の間を歩きながら、「道」という教えの計り知れない恵みを授けたのである(38)。

旧約聖書には、モーセの伝説にこれと似た行為が記録されている。イスラエルの民がエジプトの地を出てから三カ月目、モーセは付き従う人々と一緒にシナイ半島の荒野にやってきた。そこでイスラエルの民は山に向きあうように天幕を張った。モーセが山を登って神に近づくと、主が山からモーセに声をかけた。主はモーセに十戒を刻んだ石版を与え、これを持って主の民であるイスラエルの民のもとへ戻るように言った(39)。

ユダヤの民話には、天啓のあった日、さまざまな地鳴りがシナイ山から聞こえたとある。

稲妻の閃光が、しだいに大きくなる角笛の音をともなって、人々を怯えさせ震え上がらせた。神が天を曲げ、大地を動かし、地の果てまで揺らすので、大地の底は震え、天上の人々も怯えた。神の光は、火、地震、嵐、雹《ひょう》の四カ所の門を抜けた。地上の王たちは宮殿で震えた。大地自身も、近々死人が復活するだろうから、吸い取った死人の血と、包み隠した死体の責任を負わねばなるまい、と思った。十戒の最初の言葉が聞こえるまで、大地は落ち着かなかった。

天が開き、大地から解放されたシナイ山が宙にそそり立った。その頂《いただき》は天に向かってそびえ、厚い雲は四方の山肌を覆って神の座の足元に触れた。ある方向の山腹には、レビ人のための王冠を持った天使が二万二〇〇〇人、神に付き従って現れた。人々が黄金の仔牛を崇める中、レビ人だけが神に対して誠実であり続けたからだ。別の方向の山腹には、六〇万三五五〇人もの天使がいて、イスラエルの民一人ひとりに与える火の王冠を持っていた。そしてこの倍の数の天使が三つ目の方向の山腹に、さらに四つ目の方向の山腹には、それはもう数えきれないほどの天使がいた。神はどこか一方向から姿を見せるのではなく、すべての方向から同時に姿を現すからである。しかしどこから姿を現そうとも、神の栄光は地上だけでなく天上においても、妨げられることなく満ちる。これほど大勢が集まっているにもかかわらず、シナイ山は込み合わず騒然とせず、すべての者にゆとりがあった。[40]

このあと見ていくように、広大でほとんど大海のような東洋のイメージで表現しても、ギリシア人の情熱にあふれる語り口で表現しても、聖書の神々しい言い伝えで表現しても、英雄の冒険は、通常これまで示してきた核となる単位のパターンに従っている。今いる世界から分離し、何らかの力の源に突入し、人生をよりよくするために帰還するパターンである。東洋の世界は全体が、ゴータマ・ブッダが持って帰ってきた恵み、善法の見事な教えによって祝福された。同様に西洋では、モーセの十戒によって祝福された。ギリシア人は、人類の文化を最初に育《はぐく》んだ火は、世界を超越した我らがプロメテウスの行為のおかげだと言い、ローマ人は、世界を支える都市の建設は陥落したトロイアを出て死者の不気味な地下世界へ向かったアイネイアスのおかげだと言う。世界中どこでも、どのような関心ごとのくくりでも（宗教、政治、個人など）、真に創造的な行動は、世を捨てることから始まる行為として描かれる。そして英雄が現世を留守にしている間に起こることも、結果として英雄が生まれ変わって創造的な力を得て立派になって戻ってくれば、人はやはり口々にそれを英雄譚として語る。したがって、啓示されてきたものを改めて理解するには、普遍的な冒険を描く古典の舞台を通じて、多くの英雄像を追うだけでいい。そうすれば、現代の生き方の中で英雄たちのイメージがどのような意味を持つか、ということだけでなく、野望、能力、人生の浮き沈み、そして知恵において、人の精神はいつも一つだということがわかる。

ここから先は、どこにでもいる普通の人の運命を運んでくる世界の象徴的な使者の物語の数々を、一つの冒険の形に統合して語ろう。最初の大きな舞台は「分離」または「出立」で、第一部の第一章に五つのセクションに分けて説明する。

一、「冒険への召命」（英雄に下される合図）
二、「召命拒否」（神から逃避する愚挙）
三、「自然を超越した力の助け」（下された使命にとりかかった者に訪れる思いもよらない援助の手）
四、「最初の境界を越える」
五、「クジラの腹の中」（闇の王国への道）

次の舞台「イニシエーションの試練と勝利」は、第二章に六つのセクションに分けて説明する。

一、「試練の道」（神々の危険な側面）
二、「女神（マグナ・マーテル）との遭遇」（取り戻された幼児期の至福）
三、「誘惑する女」（オイディプスの自覚と苦悩）
四、「父親との一体化」
五、「神格化」
六、「究極の恵み」

「社会への帰還と再統合」は、世界に注ぎ込まれる精神エネルギーが途切れることなく循環するのに欠かせず、共同体という視点からは、英雄の長い隠遁を正当化するが、英雄自身はこれが一番困難だと思うだろう。もしブッダのように勝ち抜き、完全なる悟りという深い平安に達したとしたら、この経験が至福となって、この世の悲しみの記憶、この世の悲しみへの関心、この世の悲しみに代わる希望などをすっかり消し去ってしまうおそれがあるからである。または、経済問題に夢中になっている人々に啓蒙の方法を知らしめるという難題は、大きすぎて解決できないかもしれない。その一方、もし英雄が手ほどきの試練をすべて受けずに、プロメテウスのように暴力や抜け目ない策略や幸運によってただ目的に向かって走り、思惑どおりに世界のための恵みを手にしたら、そのせいで不安定になった力は凶器となって、英雄は内からも外からも打ちのめされ、プロメテウスのように、汚された無意識という岩の上で十字架に掛けられることもあるだろう。または、三つ目として、もし英雄が自ら望んで無事に帰還しようとするならば、救済の相手からすっかり誤解され無視されて、経歴に傷がつくことになるだろう。このあとの第三章は六つのサブタイトルのもと、これらの観点で論じて結論を出している。

一、「帰還の拒絶」（拒絶された現世）
二、「魔術による逃走」（プロメテウスの逃走）
三、「外からの救出」

四、「帰還の境界越え」（日常の世界への帰還）
五、「二つの世界の導師」
六、「生きる自由」（究極の恵みの本質と役割）

このような円環を描く英雄の冒険は、大洪水タイプの物語では消極的な形で描かれる。そこでは力に立ち向かうのは英雄ではなく、力が英雄に立ちはだかり、やがて収まっていく。大洪水の物語は地球上あらゆるところにある。これは世界史の中に見られる元型的神話の大部分を占めるので、本書では第二部「宇宙創成の円環」で述べるのが適切である。大洪水の英雄は、最悪の災厄と罪の絶頂期でさえ生き残った人間の、胚芽的活力のシンボルである。

神話の原形であるモノミスにおいて合成された英雄は、並外れた天賦の才を持った人物である。属している社会から崇められることも多いが、認められず、軽蔑されることも多い。この英雄と英雄自身がその中にいると気づいた世界、またはそのどちらかは、象徴的に不完全という難点がある。これは、おとぎ話の中では黄金の指輪がなくなるのと同じくらい些細なことだが、黙示録的視点から見ると、全地球上の肉体と精神を持つ生命が破滅に陥ってしまった、または陥る寸前であることを表している。

類型的な言い方をすると、おとぎ話の英雄は身近で小宇宙的な勝利を、神話の英雄は世界に広がる歴史的大宇宙的な勝利を得る。幼すぎたり見下されたりした子どもがとてつもない能力の使い手になる前者は、自分を抑圧する者を屈服させるが、後者は、自分が所属する社会全体を再生させる手段を冒険から持ち帰る。黄帝（中国の伝説上の五帝の一人）やモーセ、アステカのテスカトリポカ（最高神）のような民族や地域の英雄は、その民族にのみ恵みをもたらす。ムハンマドやイエス、ブッダのような普遍的な英雄は、世界全体に教えをもたらす。

英雄が滑稽であろうが立派であろうが、ギリシア人だろうが未開人だろうが、キリスト教徒だろうがユダヤ教徒だろうが、英雄の旅は本質的な計画においてほとんど変わらない。よく知られている話では、英雄の活躍を肉体的に表現している。高尚な宗教では倫理にかなう行為で表す。それでも冒険やそこに関わる登場人物の役割、手にする勝利の形態には、驚くほど差異がない。元型的なパターンの基本的な要素が一つ二つ、目の前のおとぎ話や伝説、儀礼、神話などから取り除かれても、なんとか意味はわかる。このあと説明するが、取り除くこと自体が、歴史や異常を明確に示すのである。

第二部の「宇宙創成の円環」では、世界の創造と破壊の壮大な姿を紐解く。これは成功した英雄に啓示として授けられる。第一章の「流出」は、宇宙の形態が虚空から出てきたことを論ずる。第二章「処女出産」は、初めは「万物の母」としての宇宙的スケールで、次に「英雄の母」としての人間の目線で、女性の力の創造と贖罪の役目を吟味する。第三章「英雄の変貌」は、人類の伝説的な歴史を、その典型的な段階をたどって探る。英雄は、人類が必要とするものが変化するのに合わせて、姿を変えて登場する。そして第四章「消滅」は、初めは英雄の、そして次に冒険によって現れた世界の、予言された結末を語る。

宇宙創成の円環は、どの大陸の聖典を見ても驚くほど一貫した内容で示され[41]、英雄の冒険に新しく興味深い展開をもたらす。なぜなら、危険な旅はさしあたり、何かに到達するための務めではなく再び到達するための務め、発見のための務めではなく再発見のための務めだったように見えるからである。探求し、危険を冒して勝ち取った神の力は、実は常に英雄の心の中にあったことが明かされる。英雄は、自分が誰であるかを自覚するようになり、それとともに本来持つ力を行使するようになった「王の子」、つまり「神の子」であり、その称号がどれほどの意味を持つのかわかるようになった存在である。この観点から考えると英雄は、私たちみなの内に隠されている神性をともなう創造と贖罪のイメージを象徴し、いつか自覚され表に出ることを待っているのである。

「一なる神は多になったが、分割されないままである。しかしそれぞれの部分はキリストのすべてである」と新神学者シメオン（九四九 - 一〇二二年）は書いている。さらに「わたしは自分の家の中に神を見た」と続く。

日常のあらゆるものの中に思いがけず神が現れ、名状しがたくわたしと結んで融合し、火と鉄、光とガラスのように、間になにも置かずわたしに飛び込んだ。そうして神はわたしを火や光のようにした。するとわたしは以前見たものになり、遠くから眺めていたものになった。この奇跡をどのように説明すればいいかわからない。……わたしは本来的には人間である。しかし神の恵みにより神になった。(42)

聖書外典「イヴの福音書」にも同様の光景がある。

わたしはそびえる山の上に立ち、巨大な人と小さな人を見ていた。やがて雷鳴のような音が聞こえ、わたしはよく聞こうと近づいた。すると神の声が降りてきた。我は汝、汝は我。汝がどこにいようとも、我はそこにいる。我は万物の中に散り、汝はいつでも望むときに我を集める。我を集めることは、すなわち汝自身を集めることである。(43)

こう考えてくると、英雄とその究極の姿である神、求める者と求められる者という二つの存在は、自分を映し出すただひとつの神秘物語の、外見と内面だと理解できる。顕在する世界の神秘と同じである。至高の英雄の偉大な冒険は、この多様性の結合を知るようになることであり、やがて他にそれを知らしめることである。

4　世界のへそ

英雄の冒険が成功すると、その結果として生命が再びあふれ、世界という身体に流れ込むようになる。こうした流れの奇跡は、物理的には食べ物の循環、力学的にはエネルギーの流れ、精神的には神の恵みの出現と表してもいいだろう。そのようなさまざまなイメージはかわるがわる現れ、ひとつの生命力を三つに凝縮して示す。豊かな収穫は神の恵みの印であり、神の恵みは魂の糧であり、稲妻は恵みの雨の先駆けであり、同時に神のエネルギーが放たれたことを表す。恵みと食べ物とエネルギー――これらは命あふれる世界に注がれ、注がれなければ命は分解され死へと向かう。

激しい流れは目に見えない源から流れ出し、その流れ口は、宇宙の象徴的な円の中心であり、ブッダの伝説にある「菩提の座」(44)である。世界はその周りを回っていると言ってもよい。この中心の下に宇宙の蛇であり奈落の海の象徴である龍がいて、その頭が大地を支えている。海は、不死なるものの世界創造の側面を持つデミウルゴス（造物神）の、命を創造する神性なエネルギーと物質である。(45)宇宙そのものである生命の樹は、この中心から伸びている。根は支えとする闇に生え、黄金の太陽鳥がてっぺんにとまり、尽きることのない泉が根元から湧く。また、樹ではなく宇宙の山が世界を表すこともある。山の頂上には神々が住む光の蓮の花のような町があり、山の谷には悪魔が住む町があって、宝石の輝きに照らされている。さらに、その場に座ったり立ったり（たとえばブッダ自身や、踊るヒンドゥー教の女神カーリー）、木に縛られたり（アッティス（女神キュベレに愛され、女神にねたまれて狂人となり自ら去勢して死んだ少年）、イエス、ヴォータン（ゲルマン神話の主神））している宇宙的な男や女の姿が、世界を表すこともある。神の化身である英雄自身が世界のへそであり、永遠のエネルギーを時に流し込むへその緒のようなものだからである。だから「世界のへそ」は、絶え間なく続く創造のシンボルであり、万物の内から湧き上がる絶え間ない活性化の奇跡を通って世界を維持する不思議な存在である。

カンザス州北部とネブラスカ州南部に住むポーニー族は、ハコの儀式のときに祭司がつま先で地面に円を描く。「円は巣を表す」と、ある祭司が語ったと伝えられている。

足のつま先で描くのは、タカがかぎづめで巣をつくるからだ。われわれは鳥が巣をつくる様子を真似ているが、円を描くのにはもうひとつ理由がある。人間が住むようにと世界をつくったポーニーの神ティラワのことを思うのである。高い山に登って見渡せば、四方八方、空が大地に接しているのが見える。そしてこの円形の囲いの中に人が住んでいる。だからわれわれが描く円はただの巣ではなく、すべての人が住む場所のためにティラワの神がつくってくれた円を表す。また円は、血縁集団、氏族、部族も表している。[46]

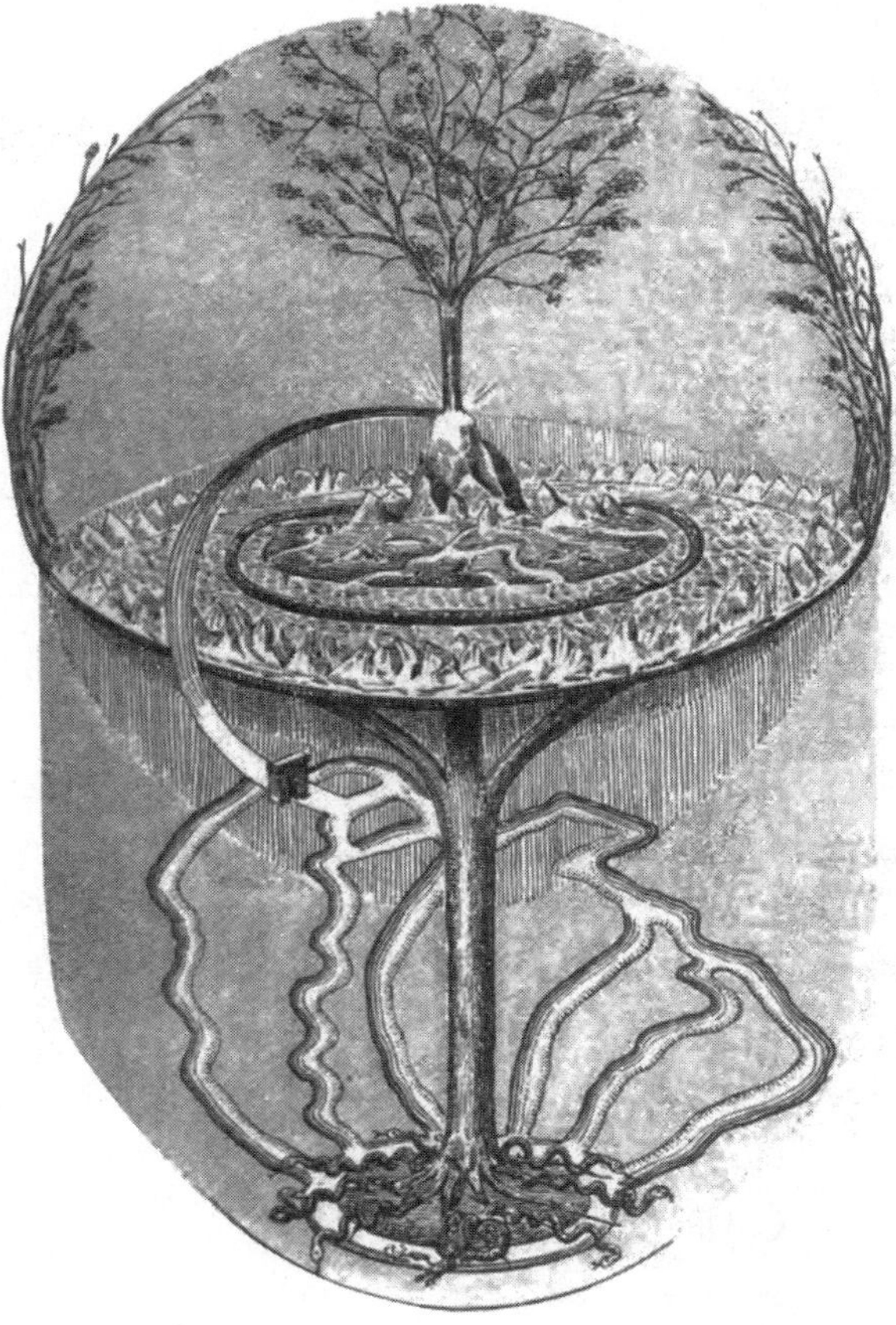

図8　世界樹ユグドラシル（エッチング、スカンディナビア、19世紀初め）

半球型をした天は地上の四隅に乗り、王や小人《ドワーフ》、巨人、象、亀などが四本の柱になって支えることもある。ここから円積問題という古代から重要視されている数学の問題が生まれた。天の形を地の形に変換する鍵である。家の中にある炉辺や寺院の祭壇は地の輪の中心で、宇宙の母の子宮である。宇宙の母の火は命の火である。そして建物の屋根に開いた口――またはドームの円蓋、尖塔、頂塔――は、空の中心点、つまり太陽の扉であり、そこを通って魂が時から永遠に戻る。まるで供物の香りのように、命の火に焼かれ、地の中心から天の輪の中心まで立ちのぼる煙の軸に乗って運ばれるのである。(47)

こうして魂に満たされた太陽は、神に糧を供給する器、汲めども尽きぬ聖杯になり、捧げられたもので満ちる。生贄の肉体は文字どおり肉となり、血も文字通り飲み物になる。(48)これは同時に人間にとっても滋養になる。炉に火をつける太陽の光は、神のエネルギーをこの世の子宮に伝える象徴で、やはり天と地の二つの輪をつないで回す軸である。太陽の扉を通じて、エネルギーの循環は絶え間なく続く。そこから神は降臨し、人は昇天する。「わたしは扉である。わたしを通って入ってくる者は、救われ、出入りし、牧草を見つけるだろう」(49)「わたしの肉を食べる者、わたしの血を飲む者はわたしの中にあり、わたしもその者の中にいる」(50)

いまだ神話に育まれる文化にとって、人間の存在のあらゆる側面と同じく、風景もまた、象徴的な暗示とともに命を与えられる。丘や森にはそれぞれ超自然的守護者が存在し、世界の創造を伝えるその地域の歴史において、有名なエピソードと関わりを持つ。またあちこちに特別な聖地もある。ひとりの英雄が生まれ、活躍し、虚空の世界に戻るのに通ったところは、その場所が特定されて聖地になる。そしてそこに、真の中心性を表す奇跡を示しインスピレーションを与えるために寺院が建立される。なぜなら、ここが豊穣へと入っていく場所だからである。誰かがこの場所で永遠を発見した。ゆえに、この場所は充実した瞑想を支える場所として役に立つのである。こういう寺院は通例、世界の地平線上の四方向を模して設計され、中央にある聖廟または祭壇は、エネルギーが絶え間なく循環する「無尽の地」を表す。寺院の構内に入り聖壇に進む人は、そこを聖地とした英雄の行為を真似ることになる。目的は、生を中心に据えて生を新しくする形の記憶を自らの心に呼び起こす方法として、万物に共通の行為を習熟することである。

古代都市は寺院のようにつくられている。入り口は四方向にあり、中央にはその都市の聖なる開祖を祀る廟を配している。住民はこの象徴が及ぶ範囲の中で生活し働く。そして同様の精神のもと、一国の宗教も世界的な宗教も、その勢力範囲が母なる都市を中心にして広がる。西洋のキリスト教はローマを中心にし、イスラム教はメッカを中心にしている。日に三回、世界中のイスラム教のコミュニティで申し合わせたように礼拝が行なわれ、すべてが世界に広がる輪のスポーク（輻）のように中心地カーバ神殿に向かう。この礼拝自体が、アッラーの意志に対する一人ひとりの「帰依」（「イスラム」の原義）であり全員の「帰依」を表す、広大で生きたシンボルを構成する。コーランには「汝が行なうことすべての真実を示すのが神だからである」[51]とある。もう一度言おう。大きな寺院はどこにでも建てられる。結局のところ、全なる者はどこにでも存在し、どこでも力の中枢になり得るのである。神話では、草の葉一枚が救い主の姿になって、真実を求めてさまよう人を、その人自身の心の奥底の聖所へ導くこともあるだろう。

となると「世界のへそ」は、至るところにあることになる。そしてそれがすべての存在の源になるので、世界中の良きものと悪しきものがたくさん生まれる。醜いものと美しいもの、罪と徳、楽と苦、すべて等しく「世界のへそ」が生み出すのである。ヘラクレイトスはこう述べている。「神にとってはすべてのものが美で善で正である。しかし人間はものによって邪だと思ったり正だと思ったりする」[52]したがって世界の寺院で祀られている像は、いつも美しいわけでも恵み深いわけでもなく、必ずしも徳が高いということすらない。『ヨブ記』の神のように、そういう像は人間の価値を測る尺度をはるかに超える。同様に神話は、ただ徳が高いだけの人間を、最も立派な英雄だとは考えない。美徳は最終的な洞察に向けての教育上の前置きにすぎず、相反する組み合わせを超えたものである。美徳は自己中心的なエゴを抑え、超個人を中心に置くことができる。しかしそうなると、自分のエゴでも他人のエゴでもいいが、楽か苦か、悪徳か美徳か、という問題はどうなるのだろう。これらすべてを通じて、万物の中に生き、すべてにおいて驚異で、何よりも私たちが深々と頭をさげるに値する、そういう超越した力を理解することになる。

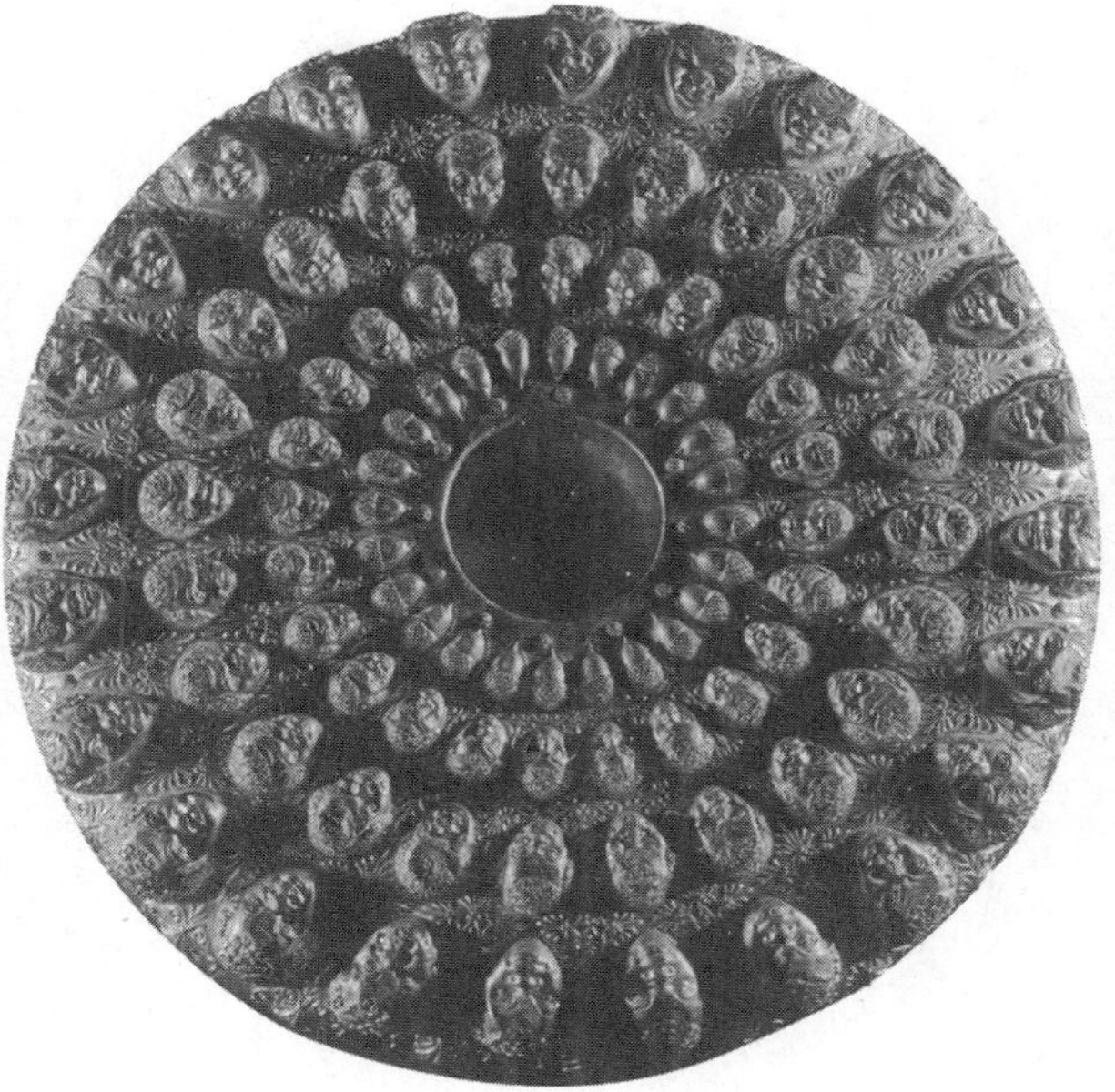

図9　オムパロス（金の薬瓶、トラキア、ブルガリア、紀元前４～前３世紀）

ヘラクレイトスはその理由としてこう述べている。「似ていないものが結合し、違いから最も美しい調和が生まれる。すべてのものは争いから生まれる」[53] またブレイクの詩を引用するなら、「ライオンの咆哮、オオカミの遠吠え、嵐の海の猛威、破壊をもたらす剣、どれも、人間の目には偉大すぎる永遠の一部である」[54]

ヨルバランド（西アフリカ）に伝わるトリックスター的な神エシュの話では、難しい問題が鮮明に描写されている。ある日、この妙な神が畑の間の道を歩いてきた。

エシュは左右両方の畑でそれぞれ農夫が働いているのを見て、二人にいたずらを仕掛けることにした。左右が赤と白、前が緑、後ろが黒に色分けされた帽子をかぶったのだ「この四色は世界の方角を表す。つまりエシュは世界の中心、「世界軸」、「世界のへそ」の擬人化だ」。仲の良い二人の農夫は村に帰ると、ひとりが「きょう、おかしなやつが白い帽子をかぶって来たよな」と言い、もうひとりが「帽子は赤だったぞ」と答えた。すると最初の農夫が「そんなことはない。白だった」と反論し、「いや、赤だった。おれはこの二つの目で見たんだから」ともうひとりが言い張る。「お前、目が見えないんだよ」と最初の農夫が言い放つと、もうひとりが「お前は酔っぱらってたんだよ」とまたつっかかる。こんなふうにして口げんかがエスカレートして、ついには殴り合いにまでなった。二人がナイフで切りつけ合い始めたので、近所の人が裁きの長《おさ》の前に連れて行った。エシュは裁きを見物する人たちの中にいたが、長がどう裁けばいいか途方にくれると、姿を現していたずらを告白し、例の帽子を見せた。「二人が喧嘩をするのも無理はない。喧嘩するように仕向けたのだから。もめ事を広げるのは、わしの最大の楽しみでな」(55)

道徳を重んじる人なら憤慨し、悲劇を詠う詩人なら憐れみと恐怖を覚えるところだが、神話は人生を丸ごと、広大ですさまじい神聖喜劇にしてしまう。そのオリンピア的な笑いは少しも現実逃避ではなく冷酷で、人生そのものの厳しさを表す。創造主である神の厳しさ、と言ってもいいだろう。この点で神話は、悲劇的な態度を幾分かヒステリックに見せ、単に道徳的にすぎない判断を近視眼的だと思わせている。それでも私たちは、見るものには痛みがなく、耐える力が映ったものにすぎないと知っているので、厳しさは相殺される。こうして物語には憐れみも恐怖もなくなり、生まれてやがて死んでいく自己中心的で闘争的なあらゆるエゴの中で自己を見つめる、超越的な名もない存在の喜びがあふれるのである。

第一部　英雄の旅

図10　キューピッド（クピド）の庭に入るプシュケ
（油絵、イギリス、1903年）

第一章　出　立

1　冒険への召命

むかしむかし、願えば叶えられた時代のこと、美人揃いの娘たちを持つ王さまが住んでいた。その中の末娘はあまりに美しく、たくさんのものを見てきた太陽でさえ、末娘の顔を照らすたびにただただ驚き入るばかりだった。さて、この王さまの城の近くに、うっそうとした大きな森があり、菩提樹の老木の下に泉があった。暑い日には、王さまの末娘は森に出かけて行っては冷たい泉の水辺に座って過ごした。そして退屈すると黄金のボールを取り出して、投げ上げては捕って遊んだ。お気に入りの遊びだった。

さてある日のこと、王女の黄金のボールが空に向けて広げた小さな手に収まらないで落ち、地面に弾んでそのまま泉に転がり落ちてしまった。王女は目で追ったが、ボールは姿を消した。泉は深く、あまりに深くて底が見えない。たちまち王女は泣き出して、その泣き声はどんどん大きくなった。自分でもどうしようもなかった。こうして悲しんでいたとき、誰かが話しかけてくる声が聞こえた。「どうしたの、王女さま。あんまり泣くと、石だってかわいそうに、と思うんじゃないかな」王女はどこから声が聞こえるのか、とあたりを見回した。するとカエルがいた。太って醜い顔を水から出している。「まあ、あなたなの、ポッチャンカエルさん。黄金のボールが泉に落ちてしまったの。だから泣いているのよ」「まあ落ち着いて。泣かないで」とカエルは言った。「ぼくなら助けてあげられるよ。でもおもちゃを取ってきたら、何をくれる？」「欲しいものを何でもあげるわ。服でも真珠でも宝石でも、私がかぶる金の冠でも」するとカエルはこう答えた。「服も真珠も宝石も、金の冠もいらない。でもぼくのことをかわいがってそばにいさせてくれて、友だちにしてくれて、ぼくをきみの小さなテーブルの隣に座らせて、きみの小さな金のお皿から食べさせてくれて、きみの小さなカップから飲ませてくれて、きみの小さなベッドで寝かせてくれたら、そう約束してくれたら、すぐに潜って黄金のボールを取ってきてあげるよ」「いいわ、ボールを取ってきてくれるなら、何でも約束する」王女はそう言ったが、心の中ではこう思っていた。「ただのカエルがよくしゃべること！　自分の仲間と水の中にいればいいのよ。人間の仲間になろうなんてできるわけないわ」

王女の約束をとりつけると、カエルはすぐに頭から水に飛び込んで潜っていき、しばらくして戻ってきた。カエルは口にくわえたボールを草の上に投げた。王女はお気に入りのおもちゃを見て大喜び。そしてボールを拾うと、大急ぎで逃げ出した。「待てよ、待ってくれよ」とカエルは呼びかけた。「ぼくも連れて行ってくれよ。きみみたいに走れないんだから」しかし王女に向かっていくらゲロゲロと大声でわめいても、何の役にもたたなかった。王女はまったく気に留めず、ただ城へ急いだ。そしてかわいそうなカエルのことはすっかり忘れてしまった。きっと自分の泉にピョンピョン帰ったにきまってるわ[1]。

これは、こんなふうに冒険が始まるかもしれない、という一例である。どう見ても偶然としか思えない失敗が予想外の世界を見せ、その人は正しく理解できない力との関わりに引っ張り込まれる。フロイトによると、失敗というのは偶然の産物ではない[2]。それは抑圧された願望と葛藤の結果である。思いがけなく現れた泉が生み出す、人生の表面に立つさざ波だ。そしてこの泉は、魂そのものと同じくらい底が深い。失敗は運命の入り口といっていいだろう。こうしてこのおとぎ話では、ボールがなくなったことがこれから王女に何かが起こるという最初のサインで、カエルが二つ目のサイン、不用意な約束が三つ目となった。

突然動き出した力の予兆的な現象として、まるで奇跡のように登場するカエルは、「使者」と呼んでもいいだろう。カエルが現れるという重大局面は「冒険への召命」である。使者は、この例のように生きよ、と命じることもあり、人生の後半では死を勧告することもあるだろう。高尚な歴史的出来事への召命のように聞こえることもあり得る。宗教的啓蒙の始まりを表すことも考えられる。神秘主義者が理解するように、これは「自己の覚醒」と名付けられたものを表す。(3)おとぎ話の王女の場合、まさしく思春期の訪れを意味した。しかし音が小さくても大きくても、人生のどの段階にあってどのくらい成長していても、召命はベルを鳴らして、いつも変容という神秘のカーテンを上げる。これは精神的な通過儀礼または通過の瞬間で、通過すれば死や誕生を迎えることになる。見慣れた生の水平線は広がった。古い概念や理念、感情の現れ方は、もはや合わない。境界を越える時は、もう目の前である。

召命が起こる環境として典型的なのが、うっそうとした森、大きな木、湧き上がる泉、そして運命の力をもたらす使者の、不気味で卑しく見える姿である。このような情景の中に「世界のへそ」の象徴が見える。カエルは、小さな龍といってもいいのだが、頭で地上を支え、深淵の命を生むデミウルゴス的力を表す冥界の蛇を、お子様向けに表したものである。そのカエルが、住み処である暗く深い泉に呑み込まれてしまった黄金のように光るボールをくわえて現れる。この瞬間は、まるで昇る太陽を口にくわえて持ってくる中国の青竜のようだ。また、不老不死の桃、仙桃を籠に入れて持ってきた美しい不死身の若者、韓湘《かんしょう》を、カエルが頭に乗せて現れる話にも似ている。フロイトは、すべての不安な瞬間は、母親から最初に引き離されるときの苦痛——呼吸困難やうっ血などの、出産時の危険な状態——を生む、

図11　牛の形をしたアピス。死んだオシリスを冥界へ運んでいる（木造彫刻、エジプト、紀元前700～前650年頃）

と示した。[4] 逆に言えば、分離と誕生の瞬間は、不安を生む。それが父王と一体となって築いた幸福な世界から引き離されようとしている王女であっても、成長していよいよエデンの園の牧歌的暮らしから離れることになった神の娘イヴであっても、さらに言うなら、神の創造した世界の最後の地平を突破しようと比類なき精神集中をした「未来のブッダ」であっても、同じ元型イメージが働いて危険や安心、試練、通過、そして誕生という神秘の不思議な聖性を表現する。

おとぎ話の中で相手にされなかった気味の悪いカエル（龍）は、口に太陽のようなボールをくわえてきた。蛇であり拒絶された者であるカエルは、無意識の深淵（「深すぎて底が見えない」）を表す。その深淵には、存在することの要因や法則、要素の中で、拒絶され、認められず、理解されず、未知で未熟なものがすべて溜め込まれている。こういうものは水の精や海の神、水の守護者が住む伝説的な水中御殿を飾る真珠であり、冥界の悪鬼の住む町を照らす至宝であり、地上を支え、蛇のように地上を取り囲む不老不死の海にある火の種であり、永遠に続く夜の闇に抱かれた星である。また、龍の金の蔵にある金塊であり、ヘスペリデスが守るリンゴであり、金の羊毛から作った糸である。したがって冒険を告知する使者は、暗く不気味で恐れられ、世間から邪悪とみなされることが多いが、それでもついていけば、昼の世界の壁を抜けて、至宝の光る暗闇に通じる道が開けるだろう。また使者は獣の姿をして（おとぎ話ではよくあるように）、私たちの心の内に抑圧された生殖本能を表す場合もあり、またよくわからない不可思議な姿、未知のものとして現れることもある。

アーサー王の物語を例として挙げよう。ここではどのように大勢の騎士と一緒に狩りに出かけようとしたかが語られる。

森に入ると、アーサー王の目の前に大きな牡鹿がいた。こいつを狩ろう、と王は言い、馬に拍車をあててずっと追いかけた。もう少しでうまく仕留められる、と思ったとき、長いこと追っていたせいで馬が息を切らし、倒れて死んでしまった。すると従者が別の馬を用意してくれた。王は藪に隠れた牡鹿を見て、死んだ馬を見た。そうして泉の脇に座って、深く考え込んだ。そんなふうにして座っていると、三〇頭もの猟犬の声を聞いたような気がした。すると見たことも聞いたこともない奇妙な獣が近づいてきた。獣は

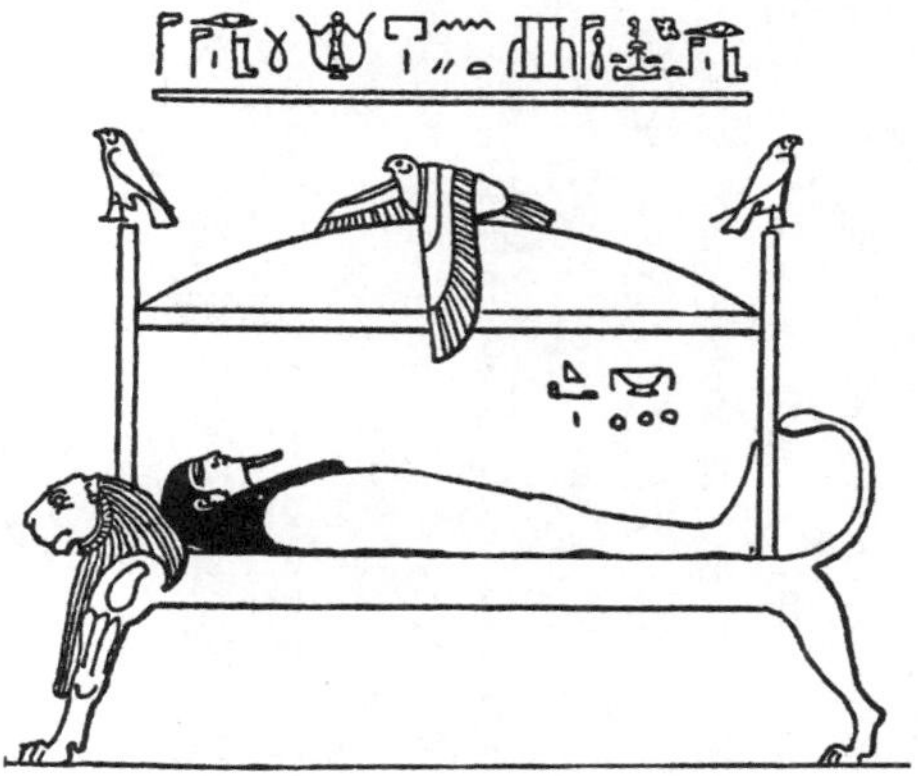

図12　タカの姿をしたイシスが冥界のオシリスと交わる場面
（石造彫刻、エジプト、プトレマイオス朝、１世紀頃）

泉まで行って水を飲んだが、まるで三〇組の猟犬が獲物を探しているような声は獣の腹から聞こえていたようだ。水を飲んでいる間は何の声も聞こえなかった。水を飲み終わった獣は大きなゲップとともに立ち去った。そのゲップに王は大いに驚かされた[5]。

まったく違う地域にも、そういう話がある。北アメリカの草原に住むアラパホ族の少女が、ハコヤナギの木の近くでヤマアラシを見つけた。仕留めようとしたが、ヤマアラシは木の後ろに走っていき木を登り始めた。少女は追いかけて捕まえようとするが、どうしても手が届かない。「それなら、私も木に登ってヤマアラシを捕まえよう。あの針が欲しいのだから。てっぺんまで登ってもいい」ヤマアラシは木のてっぺんまで来た。少女もそこまで行って手を伸ばしたが、そのとたん、ハコヤナギの木がするすると伸びてヤマアラシはさらに登っていった。下を見ると、友だちが首を伸ばして少女を見上げ、降りてこい、と合図している。しかしヤマアラシに夢中になり、地面からかなり遠くなって怖かったため、少女は木を登り続けた。そしてついに、下からは点にしか見えないくらいになり、ヤマアラシと一緒に、天に届いてしまった(6)。

次に挙げる二つの夢は、変容の機が熟した精神《プシケ》には使者の姿が自然に現れることを、十分に示している。一つ目は若い男性が新しい世界に向かう道を探す夢である――。

「ぼくはたくさんの羊が草を食《は》む緑の草原にいます。そこは『羊の国』です。知らない女の人が立っていて、道を指し示しています(7)」

二つ目は若い女性の夢で、仲のよかった友だちがつい最近肺病で死んだという。自分も病気になるのでは、と心配している。

「私は花でいっぱいの庭にいました。太陽は血のように真っ赤な光を放って、ちょうど沈むところでした。すると目の前に黒い鎧を着た高貴な騎士が現れ、太い怖そうな声でとても真剣に話しかけてきました。『我とともに参るか』騎士は私の返事を待たずに手をとって、私をどこかへ連れて行きました(8)」

夢でも神話でも、このような冒険では、案内人として突然現れた人物は抗《あらが》いがたい魅惑的な雰囲気をまとい、人生の次の区切りや節目を記していく。直視しなければならないことで無意識下ではどういうわけか大いになじみのあること――意識を持った人格としては未知で意外で恐怖すら感じるが——が表に現れ、以前は意味のあったことに価値を覚えなくなるのである。黄金のボールが泉に突然消えた王女の世界と同じだ。このあと英雄がいつもの生活にしばらく戻っていても、いつもの生活は充実していないように思える。やがてますます強くなるお告げが続けざまに目に見えるようになり、そうなると、このあと登場する「四門出遊」——世界の文学の中で最も有名な冒険への召命——の伝説のように、召喚はもはや拒むことはできなくなる。

若き王子ゴータマ・シャーキャムニ、未来のブッダは、俗世を捨てるという考え方に染まっては困るから、老、病、死と出家は知らせぬままでおきたい、と考える父に守られていた。生まれたときに、世界を治める皇帝もしくはブッダになる、と予言されていたからである。父王は、王族としての使命のほうをよしとして、三つの宮殿と四万人の踊り子をあてがって、息子の心を現世に縛り付けようとした。しかしこれらは必然なるものを前に進ませるだけだった。まだ比較的若い間に、若者は世俗的な喜びの世界を経験し尽くし、違った経験を求めるようになったのである。心の準備ができた瞬間、それにぴったりの使者が自然と現れた——。

さて、ある日のこと、未来のブッダは庭園に行こうと思い、御者に馬車を用意させた。御者は、豪華で美しい馬車を引き出して豪勢に飾ると、白い蓮の花びらのように真っ白で立派なシンド種の馬を四頭つなぎ、未来のブッダに、用意ができました、と告げた。

未来のブッダはまるで神々の宮殿のような馬車に乗り込み、庭園に向かった。

「シッダールタ王子に光を与える時来たり。印を見せねばならない」神々はそう考えると、仲間のひとりを体の弱った年寄りに変えた。歯は欠け、髪は白く、節々や腰が曲がり、杖に頼り、震えている。そしてこの年寄りを未来のブッダに見せた。ただし、見えるのは王子と御者だけである。


未来のブッダが御者に声をかけた。「ねえ、きみ、この人は何だろう。髪までほかの人と違うが」そして御者の返事を聞くと、こう言った。「生まれなければよかったのに。生まれれば、老いは必ず訪れるものなのだから」心をかき乱された未来のブッダは、すぐに引き返して宮殿に戻った。

「王子はどうしてこんなに早く帰ってきたのだ」と王が御者に尋ねた。

「老人を目にされたのでございます。そのため、この世から隠遁されようとしておいでです」

「そんなことを言うとは、お前は私を殺したいのか。すぐに何か気の紛れるものを用意して、王子に見せろ。王子を楽しませることができさえすれば、この世から隠遁するなどと考えなくなるだろう」そうして王は、四方八方半リーグ（約二・五キロメートル）の距離まで警備を敷いた。


それからまた別の日のこと、庭園に向かっていた未来のブッダは、神々が作り出した病人を見た。そしてここでもまた御者に尋ね、心を乱して引き返し、宮殿に戻った。

王もまた同じように御者に尋ね、前回と同じように指示して、再び四方八方四分の三リーグ（約三・七キロメートル）の距離まで警備を敷いた。

そしてまた別の日、庭園に向かっていた未来のブッダは、神々が作り出した死人を見た。そしてここでも御者に尋ね、心を乱して引き返し、宮殿に戻った。

王もまた同じように御者に尋ね、前回と同じように指示して、再び四方八方一リーグ（約五キロメートル）の距離まで警備を敷いた。

そしてまたある日のこと、庭園に向かっていた未来のブッダは、丁寧にきちんと衣装をまとった僧侶を見た。やはり神々が作り出したものである。未来のブッダは御者に尋ねた。「この人は何者なのだ」「この世から隠遁した者でございます」そして御者はこの世から隠遁することがどんなにすばらしいことか、話し続けた。この世から隠遁するというのは、未来のブッダを満足させる話だった。(9)

神話的な旅の第一段階は――ここでは「冒険への召命」と言っているが――、運命が英雄を召喚し、精神の重心を自分がいる社会の周辺から未知の領域へ移動させることを意味する。宝と危険の両方がある運命の領域は、さまざまな形で表現される。遠隔の地、森、地下王国、波の下や空の上、秘密の島、そびえたつ山の頂上、そして深い夢の中などだが、それは常に、妙に流動的で多様な形になるもの、想像を超える苦難、超人的な行為、あり得ない喜びがある場所である。英雄は自らの意思で出立《しゅったつ》し、冒険を成し遂げることができる。父の都市国家アテネにやってきて、ミノタウロスの恐ろしい話を聞いたテセウスがそうだった。また、良心的な者あるいは悪徳な者の手によってよその国に連れて行かれることもある。たとえば、怒ったポセイドンの起こした風で地中海をさまよう羽目になったオデュッセウスのケースだ。また、おとぎ話の王女がそうだったように、冒険が単なる失敗から始まることもある。たまたま散歩をしていて、ふとした現象にあちこちを見ていた目が引かれ、それに誘われていつもの道からはずれる、ということもある。世界各地からそんな例を無限に集めることもできるだろう。

この項、そしてこの後も、証拠となる例をすべて挙げているわけではない（たとえばフレイザーの『金枝篇』にならって）。そんなことをしたら、神話の原形であるモノミスという本筋を少しも明らかにできないまま、各章の頁を増やしてしまうからである。そのかわり章ごとに、広く知られた代表的な言い伝えの数々から、印象的な例をいくつか紹介している。執筆中、元となる資料は徐々に変えているので、読者のみなさんはさまざまな形の言い伝えに触れて、その独特な趣《おもむき》を楽しむことができると思う。最後の頁をめくる頃には、山ほどの神話にあたったことになるだろう。神話の原形モノミスの各部を説明するためにすべての神話が引用されたかどうか確認するには、参考文献リストに挙げた資料から、大量の物語の中のいくつかをあたるといいだろう。

2 召命拒否

現実の人生ではよくあることで、神話や有名な話の中でも珍しいことではないのだが、召命に応えない、という面白くない展開に出くわすことがある。他のことに気をとられて耳を傾けないということは、常にあり得るからだ。召喚を拒否すると、冒険は消極的な形をとることになる。退屈や激務、または「世間」に囲まれて、当の本人は重要で肯定的な行動力を失い、救いを求める犠牲者になる。花開く世界は石だらけの荒野になり、人生も無意味に思えてしまう。ミノス王のように大いに努力を重ねて有名な帝国を築くこともあるかもしれないが。しかしどんな家を建てようとも、それは死の家、わが子ミノタウロスを見ないですませるために建てた巨大な壁の迷宮になるだろう。自ら新しい困難な状況をつくって、自ら崩壊していくのをゆっくり待つしかない。

「私は声をかけ、あなたは拒否したのだから……あなたの災難を笑おう。あなたの恐れるものが来るとき、あなたの恐れるものが絶望として来るとき、あなたの破滅がつむじ風として来るとき、苦悩と苦痛があなたに来るとき、私はあなたをあざ笑おう。……無知な人を追い払うことは無知な人を殺すことであり、愚か者が栄えることは愚か者を破滅させることだからだ[10]」

「イエスが過ぎ去ることを恐れよ。なぜならば、イエスは戻ってこないから（*Time Jesum transeuntem et non revertentem*）[11]」

この拒否とは本質的には、自分の利益になると思われることを断念したくない、という拒否を意味する、と世界中の神話や民話ははっきり示している。人は未来を、不断に続く生と死という観点から見るのではなく、思想や美徳、目標や利益といった現在の構図が、一度固まったらいつまでも変わらないかのように考えている。ミノス王は、王の生きる社会においては生贄が神の意志に従うことを意味したはずなのに、聖なる牡牛を手元に残した。実利をもたらすと考えるもののほうを好むからだ。こうしてミノス王は引き受けていた人生の役割に、歩を進めることができなかった。悲劇的結果に終わったのは見てのとおりだ。神性自体が王にとって恐怖になった。人が自分で自分の神になれば、その神自身が、その神の意志が、自己中心的な考え方を破壊する力が、当然、怪物になるからである。

私は神から逃げた。毎夜毎夜、毎日毎日。
私は神から逃げた。年月の門をいくつもくぐって。
私は神から逃げた。迷路のような道を抜けて。
私の心の迷路を抜けて、涙の霧を抜けて。
私は神から隠れた。流れる笑い声を聞きながら。[12]

人は昼も夜も、神性の存在に悩まされる。それは方向を見失った自分自身の精神《プシケ》の閉ざされた迷宮の中にいる、生身の自分の姿である。出口への道はすべて失われた。出口はないのだ。サタンのように必死に自分にしがみつき、地獄にとどまるしかない。そうでなければ神の中で砕け、ついには破滅するしかない。

「最も愚かで、最も無知で、最も弱い者よ。
私はあなたが探す神。
私を追い出すあなたは、自分の中から愛を追い出している(13)」

同じような心を苛む不思議な声は、ギリシア神話の太陽神アポロンの召命でも聞こえる。アポロンは川の神ペーネイオスの娘ダプネーを草原で追いかけて、逃げるダプネーに声をかけた。「乙女よ、ペーネイオスの娘よ、とどまれ」神は、おとぎ話でカエルが王女に声をかけるように、娘に声をかけた。

「お前を追いかける私は敵ではない。お前は誰から逃げているのか知らない。だから逃げるのだ。そんなに速く走るな。頼むから走らないでくれ。私もゆっくりついていく。いや、止まってくれ。お前を愛する人は誰なのか問うてくれ」

［話は続き］ほかにもあれこれ言った。しかし娘は怖がったままで、神に全部を言わせないで逃げた。それでも逃げる姿は美しい。風は手足を露わにし、走ればそよぐ風に衣服がはためき、微風に巻き毛がなびく。逃げるほどに美しさは増した。しかしそれも終わりに近づいた。若い神はもはや機嫌をとる余裕はなく、愛にせかされて猛烈なスピードで追いかけた。まるでガリア犬が見通しのきく草原で野ウサギを見つけて飛ぶように獲物を追いかけ、野ウサギが捕まらないように逃げるのと同じだ。もう少しで捕まえられるところまできた犬は、これで獲物は自分のものだと思い、鼻づらを伸ばして野ウサギの後ろ脚に迫るが、野ウサギは捕まりそうかどうかなど知りもせず、迫る鋭い歯から辛うじて逃れる。そんなふうに神と娘は走った。神は期待を胸に走り、娘は恐怖を胸に走る。しかし愛の翼に運ばれた神は速かった。娘に休む時間を与えず、逃げる肩にのしかかり、娘の首にかかる髪に息を吹きかけた。これで娘の力は抜け、恐怖に青ざめ、逃げ回ったために疲れ果てた。娘はそばを流れる父の川を見ながら泣いた。「お父さま、助けて。川の流れに神の力があるのなら、人を喜ばせてきたこの美貌を変えてなくしてください」そう祈ったとたん、手足が下に引っ張られるように重くなって、柔らかな脇腹は薄い樹皮に覆われた。髪は木の葉に、腕は枝に、軽やかに動いていた足はあっという間にどっしりした根になり、頭は木のてっぺんになった。輝く美しさだけが残った。(14)

これは実につまらなく報いのない終わり方である。太陽神であり時と成熟の神でもあるア

図13　アポロンとダプネー（彫刻、大理石、コプト美術、エジプト、5世紀）

ポロンは、もはや相手を怯えさせるような求婚をせず、かわりに月桂樹をわが寵愛の樹と呼び、皮肉にも、月桂樹の葉で勝者の冠を作らせてしまった。娘は父親の化身に逃げ込み、そこで保護された。母性愛の夢のせいで妻に添うことができない、あのダメな夫に似ている[15]。

精神分析の文献は、そのような絶望的な固着の例にあふれている。それらが表すのは、幼児期のエゴを、エゴが起こる情緒的関係と理念の領域とともに、捨てる気がないことである。人は幼児期の壁で囲われ、父と母はそれを越えぬよう守護者として立つ。そして処罰を恐れる臆病な魂*は、扉をくぐって外の世界に生まれ出ることができないのである。

ユング博士は、ダプネーの神話のイメージに酷似した夢について報告している。夢を見たのは、気づくと羊の国――いわゆる自立できない国――にいた（88頁参照）あの若者である。彼の内なる声が「ぼくは、まず父から離れなければならない」と言い、何日か後の夜には「蛇がこの若者の周りにぐるりと円を描き、若者は木のように地にしっかり根を張って立つ」と続く[16]。これは人格の周りを囲った魔法円のイメージで、魔法円を作ったのは、縛り付けようとする親の龍のような力である。† 同じようにブリュンヒルトは最高神ヴォータンの火の輪に囲まれ、長く娘の状態のまま囚われて処女性が守られた。そして時間を超越して、ジークフリートが登場するまで眠る。

いばら姫（眠れる森の美女）は、嫉妬深い魔女（無意識のうちにある悪い母のイメージ）が眠らせた。そして姫だけでなく、彼女をとりまく世界全体も眠りにつくのだが、最後には「長い長い年月が過ぎて」王子さまが現れて、姫の眠りを解く。

王さまとお妃《きさき》（意識の中の良い親のイメージ）は、城に戻ってホールに入ると眠ってしまい、それと同時に、城じゅうが眠ってしまった。馬は馬屋で、犬は庭で、鳩は屋根で、ハエはもちろん壁で眠り、暖炉で踊っていた火はだんだんおとなしくなってまどろみ、ロースト肉は冷めていった。仕事をさぼったか何かで皿洗いの子の髪を引っ張ろうとしていた料理人は、その子から手を離して眠り込んだ。風が静かになり、木々の葉はそよとも動かない。やがて城の周りにいばらの生け垣が現れ、年々高さを増して、とうとう城には近寄れなくなった。いばらは城より大きくなって、もう何も見えず、屋根の風見鶏さえ見えなくなった。[17]

ペルシアの都市は、かつて王も王妃も、兵士も住民も、何もかもが「石にされた」ことがあった。そこに住む人々がアッラーの召命を拒否したからだった。[18]ロトの妻は、ヤハウェに呼び出されて町を出たとき、振り返ってしまったために塩柱にされた。[19]また、最後の審判の日まで地上に残るよう呪いをかけられた、さまよえるユダヤ人の話もある。キリストが十字架を背負って通ったとき、道の両側にいる群衆に混じって、「速く歩け。もっと速く」と叫

＊　フロイト参照。去勢コンプレックス。

†　蛇（神話では陸の水を表す）は、まさにダプネーの父、川の神ペーネイオスに相当する。

んだからだった。救い主と思われず、侮辱的な言葉をかけられた救い主は、振り返ってこう言った。「速く歩くとしよう。だがあなたもここで、私が戻ってくるのを待っているように」[20]

犠牲者の中には、永遠に呪いが解けない者がいるが（少なくとも聞いた話の中では）、救われる運命の者もいる。ブリュンヒルトはお似合いの英雄が現れるまで大事にされ、いばら姫は王子さまに助けられた。そして木になった若者はそのあと、未知の道への不思議な案内人として道を指し示す、見知らぬ女性の夢を見る。[21]躊躇する者がみんな道に迷うわけではない。精神《プシケ》はたくさんの秘密を隠し持つ。そして求められなければそれを見せない。だから、召命を頑なに拒否したために訪れた苦境は、思ってもみなかった何らかの解放の原理を神が示す好機だとわかることもある。

自ら望んで内向性を持つことは、実は、独創的な天才がとる古典的な方法のひとつで、考え抜かれた方策として利用することもできる。それは精神《プシケ》のエネルギーを心の奥まで送り、無意識の幼児性を持つ元型的なイメージが潜んでいる失われた大陸を活性化する。結果として当然、多かれ少なかれ完全な意識の崩壊を起こすかもしれない（ノイローゼ、精神異常、呪文をかけられたダプネーのように）。しかしその一方で、人格が新しい強さを吸収し統合することができれば、自意識と見事な自制を超人的なレベルで経験することになるだろう。これがインドの修行法ヨーガの基本原理である。西洋でも多くの創造的な精神の持ち主がこの方法を使ってきた。[22]これは、どんな召命にも応える、と言っているわけではない。むしろ、考え抜かれたとんでもない拒否である。待ち構えている内なる虚空が未知の何かを求めるのに対して、最も深く最も高尚で最も充実した答えが与えられなければ応じたくない、ということだ。つまり与えられた人生に対する完全なるストライキ、拒絶で、その結果、変容の力が働いて問題は新たなる重要な局面に移り、そこで一気に最終的な解決が得られるのである。

これは英雄の困った問題として、千夜一夜物語に登場するカマル・アル・ザマン王子とブドゥール姫の冒険物語で描かれている。若くてハンサムな王子はペルシアの王シャーリマンの一人息子で、王子らしく行動し妻を娶《めと》るように、と父王が繰り返し勧め、頼み、求め、ついには命令するまでになったにもかかわらず、それを頑固に突っぱねていた。この話題が最初に切り出されたとき、王子はこう答えた。「父上、私に結婚する気がないことも、心が女性に惹かれないのも、ご存じでは。女性の狡猾さと不実については書物を読んだり人の話を聞いたりして知っていますから。詩人もこう申しているではありませんか。

今、あなたがたが女について尋ねるなら、私は答えよう。
女のことなら何でも知っている、と。
男の髪が白くなり、男の金が底をついたら、
女の気持ちに分かち合うべきものはまったくない。

こう申す詩人もおります。

女に叛旗を翻せ。そうすればアッラーにより深く仕えることになるだろう。
女に手綱をつける若者は、高き希望をすべてなくす。
女は珍しい趣向を求めて若者の妨げになるだろう。
若者が科学を学び、知識を得るのに一〇〇〇年をかけたとしても」

そうして王子は続けた。「父上、結婚生活は私を満足させるものではありません。死の杯を傾けようとも、ぜったいに」

息子のこの言葉を聞いたシャーリマン王は、目の前が真っ暗になって深く悲しんだ。それでも息子のことをとても深く愛していたので、繰り返し結婚を求めようとはせず、怒りもせず、ただ寛大な態度を示しただけだった。

一年後、父王はもう一度問うてみた。だが息子はさらに詩を引用して、頑として言うことを聞かない。王が大臣に相談すると、こう言われた。

「王さま、もう一年待ちましょう。一年待って、結婚の話をどうしても、ということでしたら、そのときは王子ひとりにお話になるのではなく、政務の日に王子にお話しください。王族や大臣が御前に全軍を従えて集まる日に。全員が揃ったところでカマル・アル - ザマン王子に使いを出して呼び出し、王子がお見えになったら、大臣や政府の高官

・役人、軍の指揮官たちの前で、結婚問題を突き付けてはいかがでしょう。そのような面々を前にすれば照れて気後れし、王さまのご意向にあえて反意を示されることもないでしょう。

しかしそのときが来て、シャーリマン王が国政の場で結婚を命じると、王子はしばらく頭を垂れ、それから父王に向かって顔を上げ、若者の無分別と子どもっぽい無知のままに、こう答えた。「しかしながら、私は結婚いたしません。死の杯を傾けようとも、ぜったいに。父上はお年はご立派ですが、おつむは大丈夫ですか。今日のこの場以前にも二回、結婚問題についてお尋ねになりましたが、私はお断りいたしましたよ。耄碌《もうろく》なさっていませんか。羊の群れを治めるのにも心配かと」そう言うとカマル・アル・ザマン王子は後ろで組んでいた両の手を解き、怒りに震えながら父王の前でシャツの袖を肘までまくり、何を言っているのか自分でもわからぬまま取り乱して、父親に向かってさらに暴言を吐いた。

王は困惑し恥じた。祝典と国政の場に集まった政府の高官や軍の司令官たちの目の前でこのようなことが起きたのだ。しかしすぐに王としての威厳を取り戻し、息子を怒鳴りつけて震え上がらせた。それから目の前に立つ近衛兵を呼び、「この者を捕らえよ」と命じた。近衛兵は進み出て王子を捕らえ、縛り上げて父王の前に引っ立てた。王は近衛兵に命じて王子の肘を後ろにねじり上げさせて、その恰好のまま、目の前に立たせた。王子は恐怖と不安で頭を垂れ、顔は玉のような汗で光り、恥辱と困惑に大いに心を乱した。王は王子を罵倒し怒鳴った。「何たる不始末！　不実極まりない下品なやつが！　よくも指揮官や兵士たちの前でそんなことが言えたものだ！　しかしこれまで、お前に意見する者はいなかった。家臣の中でも一番卑しい者がやったとしても、お前のしたことがその者すら恥じ入らせるとは思わないか」そうして王は、奴隷兵《マムルーク》に命じて王子の肘の縄を解き、砦にある要塞のひとつへ放り込ませた。

奴隷兵は王子を引っ立てて古い塔に放り込んだ。そこには荒れ果てた部屋があり、塔の真ん中には崩れかけた井戸があった。奴隷兵たちはまず掃除をし、床の敷物をきれいにして、寝椅子を運び込んでその上にマットレスを置き、皮の敷物を敷いて、クッションを置いた。それから大きなカンテラとろうそく持ち込んだ。昼でさえ暗いところだったからだ。こうしてから王子を連れてきて、宦官に入り口を見張らせた。王子は寝椅子に身を投げると心から悲しみふさぎこんで、父王に向かって実に無礼なことをしてしまった、と自分を責め、後悔した。

その頃、遠く離れた中国の王朝では、島々といくつもの海と七つの宮殿を持つガユール王の娘に同じことが起きていた。姫の美しさが知れ渡って、その名前と名声が近隣の国々に広まり、王という王が我こそ姫を貰い受けたいと、父王のところへ使いをよこすようになっていた。王は姫に縁談をすすめたが、姫は「結婚生活」という言葉自体が嫌だった。「お父さま、私には結婚する気がありません。ええ、まったくありません。私は男に指図する君主でありの女王です。私に指図する男など、欲しくありません」そして姫が求婚を拒めば拒むほど求婚者は必死になり、中国の島々を支配する高貴な方々が結婚を申し込む手紙に添えて、珍しい贈り物を父王に送ってくるようになった。そこで父王は結婚とはどういうものかを教えながら、何度も姫の説得を試みた。しかし姫はいつもそれを拒み、ついには父王に怒りをぶつけて叫んだ。「お父さま、もしまた結婚なんて言葉を口にされるのでしたら、私は部屋にこもって刀を取り出し、柄を下にして立てて、刃をお腹にあてますわ。そうして背中に突き出るまでぐいぐい押しこんで、死にます」

その言葉を聞いた王は、目の前が真っ暗になり、火にあぶられるように胸を痛めた。本当に死んでしまうのではないかと心配だったのだ。娘の問題と求婚者である周辺国の王たちのことで、父王はすっかり困惑してしまった。そこで娘にこう言った。「結婚しないと決めたのなら、どうしようもないのなら、出かけることを禁ずる」そして一軒の家に連れていって部屋に閉じ込め、一〇人の老婦人を付添い人にして警護させ、七つの宮殿に出かけることを禁じた。さらに娘に腹を立てていることを周囲に示し、求婚してきた王たちに手紙を送り、娘は悪霊によって気がふれてしまったと伝えた。[23]

王子と姫、どちらの英雄も消極的な道をたどり、二人の間にはアジア大陸があった。永遠に運命づけられた二人の結婚が成就するには、奇跡が必要だろう。生を否定する呪文を破り、いまだ幼児期にある二人の、それぞれの父親たちの怒りを解く力は、どこから現れるのだろうか。

この問いに対する答えは、世界の神話のどれを見ても同じだ。コーランに繰り返し書かれているように、「アッラーが救い給う」のだから。唯一の問題は、奇跡の歯車がどのように回るか、ということだ。そしてその秘密は、千夜一夜の次の夜に初めて明らかにされるのである。

3　自然を超越した力の助け

神の召命を拒まなかった者が、英雄の旅の最初に出会うのは、これから遭遇する恐ろしい力に対抗するための魔除けを冒険者に授ける守護者（たいていは小さく皺だらけのおばあさんかおじいさん）である。

たとえば東アフリカの一部族、タンガニーカのワチャガ族には、キャジンバというとても貧しい男の話が伝わっている。キャジンバは、食うに困って太陽が昇る土地を目指した。彼はずっと歩いてきて疲れてしまい、絶望的な気持ちで目指す方角を見ながら、ただ立っていた。すると後ろから誰かが近づいてくる気配がした。振り返ると、よぼよぼの小さな老婆がいる。老婆は近づいてきて、何をしているのかい、と訊いてきた。事情を話すと、老婆は自分が着ていた服でキャジンバを包み、そのまま高く舞い上がって、キャジンバを天まで連れて行った。正午に太陽が留まる場所だ。すると、やかましい音がして、男の集団が東から近づいてきた。その中には光り輝く偉大な族長がいて、やってくると自ら牡牛を殺して、仲間たちと宴会を始めた。老婆は、キャジンバを助けてやってくれないかと族長に頼んだ。すると族長はキャジンバを祝福し、家まで送りとどけた。それからずっと、キャジンバは裕福に

暮らした、という。(24)

南西部のアメリカ先住民の間では、こうした慈悲深い役を演じる登場人物として人気なのが、「蜘蛛ばあさん」である。祖母のような小柄な女性で、地面の下で暮らしている。ナヴァホ族の「双子の軍神」は、父である太陽神の家に行く途中、自分たちの家を出て聖なる道をたどり始めたとたん、この不思議な小さな老婆と出くわした。

双子は聖なる道を急いでいた。日が沈んですぐ、ドシルナオティルの近くまできたとき、地面から煙が立ち上っているのが見えた。煙が立ち上るところへ行ってみると、地下に家があって、その家の換気口からあがっているのがわかった。煙のせいで黒くなった梯子が穴から突き出ている。下をのぞきこむと、老婆の姿があった。蜘蛛ばあさんだ。おばあさんは二人を見上げて言った。「よく来たね、入っといで。お前たちは誰だい？どこから歩いてきたんだい？」二人は答えずに梯子を下りて行った。部屋に入ると、おばあさんはまた二人に尋ねた。「二人して、どこへ行くのかい？」「別にどこということはなくて。ほかに行くところがないので、ここに来ました」と二人は答えた。おばあさんは同じことを四回尋ねたが、四回とも答えは同じだった。そこでおばあさんはこう言った。「お父さんを探したいんじゃないのかい？」「そうなんです、父の家へ行く道がわかればいいのですが」と二人は答えた。「そうか、お前たちのお父さん、太陽神の家までは長くて危ない道だよ。ここからそこに行くまでは、怪物がうじゃうじゃ棲みついている。それにお父さんの家に着いたとしても、お父さんは喜ばないだろう。お仕置きされるよ。お前たちは危ないところを四カ所通らなければならない。旅人を潰してしまう岩の地、旅人を切り刻む葦の地、旅人を引き裂く柱サボテンの地、そして旅人を呑み込んでしまう煮えたぎる砂の地だ。だが、そんな敵をおとなしくさせて、お前たちの命を守るものを授けよう」そうしておばあさんは二人に「異国の神々の羽」と呼ぶお守りを授けた。これは命の羽（生きたワシから引き抜いた羽）二本をつけた輪と、さらにもう一本、二人の存在を守る命の羽でできている。それから魔法の言葉も教えた。敵に向かって繰り返し唱えれば、その怒りを鎮めることができるという。いわく「花粉をもって足を抑えよ。花粉をもって手を抑えよ。花粉をもって頭を抑えよ。さすれば足は花粉になり、手は花粉になり、体は花粉になり、心は花粉になり、声は花粉になり、道は開ける。鎮まれ(25)*」

手助けしてくれる老婆やおとぎ話の中の名付け親は、ヨーロッパの民話ではおなじみである。キリスト教の聖人伝説では、たいてい聖母マリアがその役割を担う。聖母マリアは、人のために祈って父なる神の慈悲を授かる。蜘蛛ばあさんは、蜘蛛の糸によって太陽の動きを

＊　花粉は、南西部のアメリカ先住民の間では精霊のエネルギーを象徴する。すべての儀式で頻繁に使われ、悪霊を追い払い、人生を象徴的に表す通り道をくっきり見せる。

図14　潰す岩、切り刻む葦（砂絵、ナヴァホ族、北アメリカ、1943年）

支配する。宇宙の母に守られて登場した英雄を傷つけることはできない。アリアドネの糸は、迷宮を冒険する間テセウスを無事に導いた。これは、ダンテの作品の中ではベアトリーチェと聖母マリアという女性の形をとって現れ、ゲーテの『ファウスト』の中ではグレートヒェン、トロイアのヘレン、聖母マリアとして続けて現れる、導きの力である。「そなたは希望という名の生きた泉である」三つの世界の苦難を無事に通過し終えたダンテは、こう祈りを捧げる。「ご婦人よ、そなたは偉大でいつでも助けてくれるから、神の恵みはあってもそなたを頼らなければ、誰もがその願いを翼をつけずに飛ばすことになるだろう。そなたの慈悲は求める者を助けるだけでなく、求める前に惜しげもなく助けてくれることも多い。慈悲、情け、偉大さ、いかなる生き物にもある善が、そなたの中で一つになっている」(26)

　こうした登場人物が表すものは、慈悲深く守ってくれる運命の力である。心理学でいうところの空想とは安心感であり、母の胎内で最初に知った楽園の平安が失われることはない、という約束である。楽園の平安が現在を支え、過去にあったように未来にもあり（最初と同様最後にも）、境界を越えたり人生が目覚めることで、全能感が危険にさらされることがあるとしても、それでも守護の力は心の聖域にいつまでもずっと存在し、世間のなじみのない顔に内在したり、その陰に隠れていたりさえする、という約束である。ただ知って信じるだけでいい。そうすれば永遠の守護者が現れる。自分に下された召命に応じ、目の前に展開される事態に勇気を持ってついていくとき、英雄は自分に備わる無意識の力を見出す。母なる自然自体が、力強い務めを支えてくれる。そして英雄の行為が、その社会が受け入れようとしていることと一致するかぎり、英雄は歴史のプロセスの大きな律動にしっかり乗っているように見える。ナポレオンはロシア遠征を始めるとき、こう言った。「自分でもわからない結末に向けて動かされている、と私は感じる。そこに至り、私が不要になれば、わずかなことで私は砕かれるだろう。それまでは、人間のどんな力も、私には手が出せない[27]」

　自然を超越した力で助けてくれる人は男の姿をしていることが多い。民話では森に住む小《リト》さい人々《ル・ピープル》や魔法使い、世捨て人、羊飼い、鍛冶屋などがいて、姿を現しては英雄が必要とする魔除けや助言を授ける。高尚な神話になると、案内人、導師、渡し守、魂を死後の世界に導く者という崇高な姿になって、その役割を発揮する。古典的神話ではヘルメスあるいはメルクリウス[28]、エジプトの神話では通常はトト神（トキの神、ヒヒの神）、キリスト教では聖霊である。ゲーテは『ファウスト』の中で、メフィストフェレスとして男の案内人を描き、

「メルクリウス的な」気まぐれな人物の危険な側面をたびたび強調している。そのような人物は、無垢な者を誘惑して試練の国に誘い込むからだ。ダンテの前では、その役目はウェルギリウスが担い、天国との境目でベアトリーチェに引き継がれる。保護と監督というこうした超自然的本質は、守護の性質を持ちながら危険でもあり、母でありながら父であって、内に無意識の曖昧さをすべて併せ持っている。こうして、私たちの意識のある人格を無意識というより大きな仕組みが支えていることを示し、さらに私たちがついていく案内人が、私たちのあらゆる合理的な目的を脅かすほどに謎めいていることをも示している。

次に紹介する夢は、無意識の中で正反対のものが融合することを鮮やかに示している。「私は夢の中で売春宿が並ぶ通りを歩き、ある女性の店に行った。部屋に入ると彼女は男になって、身なりもだらしなく寝椅子に横になっていた。『動揺してないよな（おれが男だからって）？』そう言った男は年配のようで、もみあげは白かった。その姿に私は、父の良き友人だったある森林監督官主任を思い出した」[29] シュテーケル博士は、「夢というのはどれも、両性に惹かれる性癖を示す傾向がある。そのような性癖に気づいていなくても、潜在的に夢に隠れているものだ」と述べている。[30]

図15　ダンテを導くウェルギリウス（上質皮紙、印刷、イタリア、14 世紀）

このように手を貸す者に出会う英雄は、決まって召命に応えている。実際、召命とは、冒険の手ほどきをする指導者が近づいていることを最初に教える声だ。しかし召命に心を閉ざした者にも、自然を超越した守護者が姿を見せることがある。前にも述べたように、「アッラーが救い給う」からである。

そしてペルシアの王子カマル・アル‐ザマンが眠っている古い荒れ果てた塔に、偶然を装ったかのようにあったのが、古いローマ時代の井戸である。* ここに、「呪われし者」イブリースの子孫であるジン族の娘マイムーナが住んでいた。ジン族の名高い王アル‐ディミルヤートの娘である。

ジン族のマイムーナをおとぎ話のカエルと比べてみよう。イスラム教が登場する前のアラビアでは、ジン（男性はジニー、女性はジンニーヤ）は砂漠と荒れ地にたびたび出没する悪霊だった。毛むくじゃらな異様な姿で、四本足の動物やダチョウ、蛇の姿をとることもあり、無防備な人間には危険な存在だった。預言者ムハンマドはこの異教の精霊が存在することを許し、(31) イスラム教の教えの枠に組み込んだ。イスラム教では三つの知的存在をアッラーの下で認めている。光からできた天使、小さな火からできたジン、地の塵からできた人である。イスラム教のジンはどんな姿にもなる力を持っているが、火や煙の精ほど粗野ではなく、形ある姿を人に見せることができる。ジンには、飛ぶ者、歩く者、水に潜る者という三つの序

列がある。たいていのジンは真の信仰を受け入れて、善とみなされるが、そうでない者は悪とみなされる。後者は堕天使と密接に関わって悪事を働くが、この堕天使を束ねるのがイブリース（「絶望する者」）である。

カマル・アル‐ザマンが眠っていると、夜が三分の一ほど更けた頃、マイムーナが井戸から出てきて、天空に昇ろうとした。天使の会話を盗み聞きしようと思ったのだ。ところが井戸の口まで来たとき、いつもと違って塔の部屋に灯りがついているのが見えた。マイムーナは驚いて部屋に近づき、中に入って寝椅子の上を見た。すると、頭の近くにろうそくを、足元にカンテラを置いて、人の姿をしたものが寝ているではないか。マイムーナは羽をたたんで寝椅子のそばに立ち、上掛けを取ってカマル・アル‐ザマンの顔を見た。そしてたっぷり一時間、見とれ戸惑い、動けなかった。「アッラーに祝福あれ」真の信仰を受け入れた善のジンであるマイムーナは、我に返って声を上げた。「最高の創造主よ！」

それからマイムーナはカマル・アル‐ザマンを傷つけることはしないと心に決め、この荒れ果てた塔にいる王子が、同族のマーリド†の誰かに殺されないように気を配ることにした。そしてかがみこんで額にキスをし、すぐに上掛けを顔までかけて、やがて羽を広げて宙に舞

＊　井戸は無意識の象徴。おとぎ話『カエルの王さま』（81～83頁参照）

い上がって、天空の一番低いところまで飛んで行った。

さて、偶然か運命か、空高く舞い上がった女鬼神《イフリータ》のマイムーナは突然、羽をはばたかせる音を近くに聞いた。音のするほうを向くと、ダハナシュという鬼神《イフリート》がやってくる。そこでマイムーナはハヤブサのように、ダハナシュに向かって急降下した。ダハナシュは、それがジンの王の娘マイムーナであることに気づくと、ひどく怖がって身体を震わせ、襲わないでくれと頼んだ。しかしマイムーナは、夜のこんな時間にどこから来たのか言え、と迫る。そこでダハナシュは、島々といくつもの海と七つの宮殿を持つガユール王が治める国、中国にある内陸の海の島々から戻ってきた、と話を始めた。

「そこで王さまの娘を見ました。アッラーがこの世で作り給うた誰よりも美しい姫です」そう言ってダハナシュは、ブドゥール姫を大いに褒め称えた。「姫の鼻は——


砥いだ剣の刃先のように形よく、頬は葡萄酒かアネモネのように赤く、唇はサンゴやカーネリアンのように真っ赤、唾は熟した葡萄酒より甘く、それを味わえば地獄の焼けつく痛みも癒されるほど。舌はすばらしい知性に動かされ、いつでも当意即妙なやりとりができます。胸は見る者すべてを魅了します（見事な造形をされた神に栄光あれ！）。それに加えて、二の腕のすべすべでふくよかなこと。詩人のアル - ワラハンですら、このように謳っています。

腕輪で留めておかなければ、手首は
銀の雨となって袖口から流れてしまうだろう」

姫の美しさを称える言葉はさらに続き、マイムーナは全部聞いてしまうと、しばらく驚きに言葉を失った。ダハナシュは続けて父王のこと、父王の宝物や七つの宮殿のこと、そして姫が結婚を拒んでいることについて話した。「だからマイムーナさま、わたしは姫のところに毎晩通って、飽きるほど姫の顔を眺め、額にキスをするのです。ですが、姫が大事ですから傷つけたりはしません」そう言って、マイムーナに一緒に中国に飛んで行って、姫の姿の美しさ、可愛らしさ、器量、完璧さを見てほしい、と頼んだ。「その後お望みなら、わたしを罰し、奴隷になさってください。命じるも禁じるも、あなたさましだいです」

マイムーナは、誰かが大胆にもこの世の何にせよ褒め称えるのが我慢ならなかった。カマル・アル・ザマンを見たばかりなのだ。「ふん、何を言っている！」マイムーナはそう叫ぶと、ダハナシュを笑い、その顔に唾を吐いた。「今夜わたしは、この目でたしかに見た。もしお前が夢の中でも見たなら、感嘆して体中がしびれ、涎《よだれ》を垂らす、そのくらいの若者を見たのだ」そして王子の話をしたが、ブドゥール姫ほど美しい人はいないと言って、今度は

† イフリート（女性形はイフリータ）は強い力を持ったジニー（ジンニーヤ）で、マーリドはジンの中でも、特に強く危険な種類である。

ダハナシュが信じない。そこでマイムーナは一緒に下に行って、とにかく見てみろ、と命じた。

「仰せのままに」ダハナシュは言った。

そうして二人は降りて行って部屋に入った。マイムーナはダハナシュを寝椅子の横に立たせ、手を伸ばして絹のようにつやつやした上掛けをとって、カマル・アル‐ザマンの顔を見せた。その顔は光り輝き、昇る太陽のように輝きが揺らめきまぶしかった。マイムーナはしばらくその顔を見つめ、それからキッとダハナシュに振り返って言った。「この罰当たり、さあ、見なさい。正気を保て。わたしはまだ男を知らないが、心を奪われてしまったのだ」

「アッラーにかけて、マイムーナさまのおっしゃることに無理もありません。けれど、考えなければならないことがもう一つあります。身分の高いあの姫はこの男性とは違うということです。アッラーのおかげで、あなたさまが慕われる若者は、美しく可愛らしく優雅で完璧なわたしの大事な姫と、すべての創造物の中で一番似ています。まるで二人とも、同じ鋳型で作ったかのようです」

この言葉を聞いてマイムーナは目の前が真っ暗になり、ダハナシュが死にそうになるくらい激しく、翼でダハナシュの頭を打った。「頼みがある。わたしの慈悲の輝きを灯りにして今すぐ出発し、お前が愚かにも大事に思う姫を連れて、急いでここへ戻ってきなさい。二人を並べて寝かせてよく見ようではないか。そうすればどちらのほうが器量がよく美しいか、わかるだろう」

こうして、カマル・アル・ザマンがまったく意識していないところで物事が動き、それに応じるように、しかたなく生きている王子の運命もその力を発揮し始めた。しかしそこに王子の意識的な意志は働いていない[32]。

4　最初の境界を越える

英雄を導き助けるために擬人化された運命とともに、英雄は冒険に踏み出し、強大な力の領域への入り口でいよいよ「境界の守護者」に出会う。この管理人は世界の四方、さらに上下の境となり、英雄が今いる領域、つまり生の地平線の境界に立っている。管理人の向こうにあるのが闇や未知、危険である。親の監視から離れると子どもに危険がおよび、社会の保護から外れると部族の成員に危険がもたらされるのと同じことが起こる。普通の人なら、示された境界線の中に留まることに満足どころか誇りさえ感じ、みんなが信じていることを信じて、なにかと理由をつけて、未開拓の領域に最初の一歩を踏み入れることすら恐れる。こうして、果敢にも出港したコロンブスの船団の船乗りたちは、中世的精神の水平線を突破するとき――神話の蛇が自分の尾をくわえる姿で無限を表したように[33]、宇宙をぐるりと囲む不滅の存在という果てしない海を進むと考えたので――、子どものように言いくるめられ、背中を押される必要があった。伝説のリヴァイアサンや人魚、龍の王など、深海の怪物を恐れていたからだ。

民間神話では、集落の人の行き交う場所からはずれた、あらゆる荒れ果てたところに、人々をあざむく危険な存在を住まわせている。たとえばコイサン族は、低木林や砂丘で出くわすことがある人食い鬼についてこう説明している。その人食い鬼の目は足の甲にあるので、何が起きているか見るには手と膝をついて四つん這いになり、片足を持ち上げなければならない。こうすれば後ろが見えるのだが、そうでなければずっと空を見続けることになる。この怪物は人間を狩り、指のように長い残酷な歯で、人間をずたずたに嚙みちぎる。群れになって狩りをするそうだ[34]。コイサン族にはもう一つハイ・ウリという怪物がいて、これは目の前に低木林があると、迂回せずに飛び越えて、前に進む[35]。また、足一本、腕一本の半分人間、ないほうから見ると姿が消えるという危険な怪物にも、地球上のあちこちで出くわす。中央アフリカでは、そういう半分人間は出会った人間にこう話しかけると言われている。「ここで会ったのだから、さあ、勝負だ」ところが投げ飛ばされると、「殺さないでくれ。医術をたくさん教えてやるから」と拝み倒す。こうして幸運な人は腕のいい医者になる。もし半分人間（「不思議なもの」という意味のチルウイと呼ばれる）が勝つと、負けた者は死ぬ[36]。

未知の場所（砂漠、ジャングル、深海、域外の土地など）は、無意識の中に抱えるものが自由に投影される場所である。そこから近親相姦的リビドーと父殺しのデストルドーが、暴力の脅威や危険な魅惑の喜びを想像させる形になって、逆にその人や社会に映し出され、人食い鬼だけでなく、謎めくほど艶めかしく郷愁を誘う美しいシレーニの形にもなる。たとえばロシアの農夫は、森に住む「魔女」のことを知っている。魔女は山の洞窟に住み、そこで普通の人間のように生活する。立派な角ばった頭をした美人で、巻き毛はふさふさして、身

図16 オデュッセウスとシレーニたち
(部分、多色刷り、細首の壺、ギリシア、紀元前5世紀)

体は毛深い。走ったり子どもの世話をしたりするときには、乳房を肩へ放り上げる。何かするときはみんな一緒だ。木の根から取った軟膏を体に塗って、姿を見えなくすることもできる。一人で森に迷い込んだ人を死ぬまで踊らせたりくすぐったりするのが好きで、偶然、目に見えないダンスパーティに出くわした人は死んでしまう。その一方で、食べ物をお供えする人には、穀物を刈り、糸を紡ぎ、子どもの世話をし、家をきれいに掃除してくれる。また麻をきれいに整えて糸を紡ぎやすくしてくれる娘には、金《きん》になる葉を授けてくれる。魔女は人間の男と恋をし、里の若者と結婚することもよくあり、結婚すれば良き妻になると言われている。しかし超自然の世界から来た妻たちがみなそうであるように、夫が夫婦間の約束事について、ほんのわずかでも妻の気まぐれな感情を損ねれば、そのとたんに、跡形もなく姿を消してしまう。[37]

危険でやんちゃな人食い鬼を誘惑の原理とリビドー的に結び付ける例を、もう一つ挙げよう。それはロシアの「水のおじいさん」ヴォジャノーイ爺さんである。ヴォジャノーイは自由自在に形を変え、真夜中または真昼に泳ぐ人を溺れさせる。そして溺れたり勘当されたりした女と結婚する。不幸な女をくどいて自分の網に追い込むという、特別な才能を持っているのである。また月夜に踊るのが好きである。妻が出産を目前にすると、村々を回って産婆を探す。しかし着ているものの縁から水がしみ出してきて、ヴォジャノーイだとわかってしまう。頭の毛は薄く、樽のような腹をして、頬はぽっちゃり。緑の服を着て、葦でできた帽子をかぶっている。しかし魅力的な若者や、そのコミュニティの有名人の姿で現れることもある。この水の精は、水から上がると強くないが、自分の縄張りでは怖いものはない。住み処は河や小川、池の深いところで、水車小屋の近くを好む。昼間は年を取った鮭や鱒のように隠れているが、夜になると水面に上がってきて、魚のように水しぶきを上げたり飛び込んだりして、水中に棲む牛や羊や馬を水辺に追い込んで草を食べさせる。水車に座って長い緑の髪や髭を、静かに梳いていることもある。春になると長い冬眠から覚め、川に張る氷を割って、氷の塊を積み上げる。水車の車輪は面白がって壊してしまう。けれど機嫌の良いときには魚の群れを漁師の網に追い込み、洪水が来そうなら警告もする。一緒に来てくれた産婆には金銀でたっぷりお礼をする。ヴォジャノーイには背が高く、青白く、悲しげで、透き通った緑の服を着た美しい娘たちがいるが、(38)彼女たちは、溺死した者たちを責め苦しめる。木を揺らして美しい声で歌うのも好きである。

アルカディアの牧神パンは境界で守られる集落のすぐ外に住んでいるが、古代ギリシアの危険な存在としては一番有名である。シルウァーヌスとファウヌスは、そのローマ神話版である。*パンは羊飼いの笛を作り、ニンフたちの踊りに合わせて吹き、半獣神サテュロスたちを仲間とした。†パンが、たまたま自分の領域に踏み込んできた人間にしみ込ませた感情が「パニック」、理由のわからないまま突然起こる恐怖だ。ほんのわずかなこと――小枝が折れたり、木の葉がそよいだり――をきっかけに、想像してしまった危険で心を満たし、自分で呼び起こした無意識からなんとか逃げ出そうと半狂乱になって、犠牲者は恐怖を募らせて死んだ。それでもパンは、自分に敬意を払う者たちには優しく、自然の健やかな恵みを与えた。最初に収穫した物を供えた農夫や羊飼い、牛飼い、漁師にはさらなる収穫を、パンを祀る癒しの神殿にきちんと詣でる者には、誰にでも健康を授けた。また知恵、「世界のへそ」であるオムパロスの知恵を授けるのもパンだった。境界を越えるとは、宇宙の源の聖域に入る第一歩のことである。リカイオン山では、エラトというニンフが神託を行なっていたが、アポロンがデルフォイ山の予言者にしたのと同じように、パンはこのエラトに霊感を授けた。プルタルコスは、騒々しいパンの儀式の恍惚状態を、キュベレの恍惚状態、ディオニュソスのバッコス的狂乱、ミューズの神々が霊感を与えた詩的狂乱、アレス（マーズ）神の好戦的狂乱と同等に並べるが、理性をひっくり返し、破壊と創造の闇が持つ力を解放する神々のあの「熱狂」の例として、性愛の狂乱を何よりも激しいものとして挙げている。

「私は夢の中で」ある中年の既婚男性はこう話し始めた。「ある見事な庭に入りたいと思っていました。けれど庭の前には見張りがいて、入れてくれません。庭の中に友だちのエルザがいるのが見えました。彼女は門の上から、私に手を届かせようとしました。しかし見張りがそれを邪魔し、私の腕をとって家に帰し、こう言いました。『分別を持て。大事なのはそこだ。してはいけないと、お前にはわかっているはずだ』」[39]‡

これは境界の守護者の第一の側面、つまり守護的様相を表す夢である。定められた領域を守る番人には異議を唱えないほうがよい。とはいえ、人は境界線を越えて前に進み、同じ番人が持つ破壊的な面をひき起こして、そうしてはじめて、生死を問わず新しい経験の領域を通るものである。アンダマン諸島に住むピグミーの言語に、オコ‐ジュムという言葉がある（「夢見る者」「夢を語る者」の意）。これはこの世のものとは思えない神秘的な才能を持つために他の人々と異なり、そのために特に尊敬され恐れられる人を指す。この超自然的な才

＊　アレクサンドリア期には、パンは、男根像をかたどったエジプトのミン神と同一のものと考えられていた。ミン神はとりわけ、砂漠の道の守護神だった。

†　大トラキアではパンに相当する神、ディオニュソスと比較せよ。

‡　ヴィルヘルム・シュテーケル博士によると、番人は「意識を表す。または意識の中にある道徳と抑制の集合体と言う人もいる」さらに「フロイトは『超自我』と言うかもしれないが、実は『内なる自我』にすぎない。意識は、危険な願望や反道徳的な行為へ突き進まないように働く。夢の中の番人や警官は、こういう意味でたいていは解釈されるはずである」（ヴィルヘルム・シュテーケル ***Fortschritte und Technik der traumdeutung***, pp.37-38, 1935）

能は、精霊たちにジャングルの中でじかに出会ったり、突飛な夢の中で出会ったり、死や生還を介して出会ったりしないと授からない(40)。冒険とは、いつでもどこでも、既知の世界にかかるヴェールの向こうにある未知の世界に行くことだ。その境で見張っている力は凶暴で、それに対処するのには危険を伴う。それでも力量と勇気を持っていれば、危険も消えるというものだ。

ニュー・ヘブリデスのバンクス諸島での話だが、日暮れ頃に岩場の釣りから戻った若者が、

歩いている道の先の絶壁の斜面から、髪に花飾りをつけた女の子が手招きをするのを見たとしよう。若者は、自分の村か隣村の誰かだと思って立ち止まり、ためらい、そしてマエ*ではないかと考える。もっとよく見ると、肘と膝があらぬ方向に曲がっているのに気づく。これで女の正体がわかり、若者は逃げる。もし龍血樹の葉で打ち倒すことができれば、誘惑してきた女は本来の姿の蛇に戻り、滑るように去っていく。

しかし、このマエという蛇は、ひどく恐れられてはいるが、交わった者の使い魔になると信じられているのだ(41)。こうした悪鬼は危険な存在であると同時に魔力を授けてくれる存在でもあり、しきたりという壁の外に一歩でも踏み出そうとする英雄は必ず出会うことになる。

この複雑な状況の両義性に光を当て、心の準備がしっかりできていれば恐怖は遠のくが、

自分の器以上に無謀な挑戦をすれば、恥ずかしいくらいの失敗を招く。それを示すには、次の二つの、生き生きと描かれた東洋の話が役に立つだろう。

まず、ベナレスから来たキャラバンの隊長の話である。彼は五〇〇台の荷車に山盛りに荷を載せて、大胆にも悪鬼のいる水のない荒れ地を進んでいた。危険を聞かされていたので、大きな陶器の水入れに水をたっぷり入れて荷車にのせる、という予防策を取っていた。そうすれば合理的に考えて、せいぜい六〇リーグ（約二八〇キロメートル）の砂漠は通過できるという見通しに間違いはなかった。ところがキャラバン隊が砂漠横断の行程の中ほどまで来たとき、この荒れ地に棲む人食い鬼は考えた。「こいつらに、持ってきた水を捨てさせてやる」そこで、喜ばせてやろうと荷車を作り、真っ白な若い牡牛に引かせ、車輪を泥で汚し、道の反対側から向かって行った。人食い鬼の前と後ろには、従者の姿をした悪鬼が、頭も着ているものも水に濡れ、青と白の睡蓮の花輪で飾り立て、手に赤と白の蓮の花を束にして持ち、繊維が多い睡蓮の茎をくちゃくちゃと噛んで、水と泥の雫を落としながら、歩く。そしてキャラバンの一行と人食い鬼の一行が、それぞれ相手を先に通らせようと脇に退いたとき、人食い鬼が親しげに隊長に挨拶した。「どこへ向かっているのですか?」人食い鬼は丁寧に訊いた。それに対してキャラバンの隊長が答えた。「我らはベナレスから来ました。ところでみなさんは青と白の睡蓮の花輪で飾って、手には赤と白の蓮の花を持って、繊維が多い睡

＊　水陸両生の海蛇。暗色明色の縞模様で、いつ見ても多少は恐怖を感じる。

蓮の茎を噛んで、泥で汚れて、水が滴り落ちています。みなさんが来た道では雨が降っているのですか？　湖は、青と白の睡蓮や赤や白の蓮の花でびっしり覆われているのですか？」

人食い鬼は答えた。「あそこの濃い緑の森が見えますか？　あの向こうでは、森が丸ごと水のようなものです。いつも雨が降っていて、穴という穴に水が溜まっています。そこらじゅうに赤と白の蓮の花に覆われた湖があります」そして荷車がすれ違うときには、こう訊いてきた。「この荷車にはどんな商品を積んでいるのですか。あの荷車には？　最後の荷車はずいぶん重そうに動きますね。あれにはどんな商品を積んでいるのですか？」「水ですよ」と隊長は答えた。「こんなところまで水を運ぶとは、なるほど賢明ですな。しかしここから先は、苦労することはありませんよ。水入れを粉々に壊して、水を捨てて、安心してお行きなさい」人食い鬼はそう言うと行ってしまった。そしてキャラバンから見えなくなると人食い鬼の町に戻った。

さてキャラバンの隊長は、愚かにも人食い鬼の忠告を聞き入れ、水入れを壊して荷車を引きやすくした。ところが先に進んでも水の気配が少しもない。飲み水がないので男たちはだんだん疲れてきた。一行は日が暮れるまで歩き続け、やがて馬具を荷車からはずし、荷車を円形に並べて、牡牛を車輪につないだ。牡牛に飲ませる水もなければ人間が食べる粥も米飯もない。体力の弱った者はそこここで横になって眠りについた。真夜中、人食い鬼が鬼の町からやってきて、牡牛と人間を一匹残らず一人残らず殺し、その肉を貪り食い、骨だけ残して去って行った。手の骨も他の骨も、すべての骨が四方八方に散らばり、五〇〇台の荷車は山盛りの荷物を載せたまま、そこに残された(42)。

二つ目の話は、切り口が異なる。世界的に有名な指導者の下で軍事教練を終えたばかりの、若い王子の話である。王子は優秀な成績を収めたとして「五武器王子」という称号を与えられ、五つの武器を指導者から受け取ると礼を言い、もらったばかりの武器を装備して、父王のいる都に続く街道に飛び出していった。途中、ある森まで来たときのこと、森の入り口で人々が王子に忠告した。「王子さま、この森に入ってはいけません。人食い鬼が棲んでいるのです。『脂毛《しもう》』という名で、べたべたくっつく毛を身体じゅうに生やしています。目にする人間は一人残らず殺してしまいます」

しかし王子はたてがみのある獅子のように、自信にあふれ恐れなかった。忠告は受けたが、森に入って行った。森の真ん中まで来たとき、人食い鬼が現れた。背をヤシの木ほどに高くし、頭を鐘形の尖塔がついた東屋ほどに大きくし、両の目も托鉢の鉢ほどに大きくして、二本の牙を巨大な芽や蕾のように膨らませている。さらにタカの嘴《くちばし》を持ち、腹はしみだらけだった。手足は濃い緑色をしていた。「お前、どこへ行く？　止まれ！　食ってやる」

五武器王子は怖がることなく、学んだ技と術に大いに自信を持って、答えた。「人食い鬼よ、私はこの森に入ったらどうなるか承知していた。私を襲うなら用心するがいい。毒を塗った矢でお前の肉を引き裂き、即座に打ち倒してやる」

若い王子はこう言って人食い鬼を脅すと、猛毒を塗った矢を弓につがえて放った。矢はぴたりと鬼の身体にくっついた。王子は次々と、矢を五〇本放った。すべてぴたりとくっつく。

図17　雷の槍を持つ太陽神バール
（石灰岩石碑、アッシリア、紀元前15～前13世紀）

鬼は身体を振って矢を残らず足元に落とし、王子に近づいた。

五武器王子は、また人食い鬼に脅しをかけると剣を抜き、見事な一撃を見舞った。長さ三三インチ（八八センチ）の剣は、鬼の身体にぴたりとくっついた。次に槍で突いたが、これもぴたりとくっつく。槍がくっついたのがわかった王子は、今度は棍棒を見舞った。しかしこれもくっついてしまう。

棍棒がくっついてしまったのを見た王子は、人食い鬼にこう言い放った。「さすがだが、私のことは聞いたことがないだろう。私は五武器王子だ。お前が巣食う森に入ったとき、私は弓やそういう武器に頼っていなかった。森に入ったとき、自分自身だけを頼ったのだ。これからお前を倒して粉々にしてくれる！」こう決意を宣言すると、叫び声とともに人食い鬼に右手を打ち込んだ。右手はぴたりと鬼の身体にくっついた。今度は左手を打ち込んだ。左手もくっついた。次は右足を打ち込んだ。これもくっつく。そして左足。これもくっついた。そこで考えた。「頭を見舞って、粉々にしてやる！」王子は頭を打ち込んだ。しかし頭も人食い鬼の身体にぴたりとくっついたのである。*

五武器王子は五回挑みかかり、人食い鬼の体に五カ所くっついてぶら下がった。しかしそれでも恐れることなく気がくじけることもなかった。一方の人食い鬼はこう考えていた。「これは獅子のような人間、高貴な生まれのたいしたやつだ。ただの男ではない。おれのような人食い鬼に捕まったというのに、震えも身じろぎもする様子がない。これまでずっとこの道で暴れてきたが、この男に匹敵するような人間には出くわさなかった。どうしてだ、なぜ怖がらない？」そして王子を食べようとせず、こう尋ねた。「若者よ、なぜ恐れないのだ。死の恐怖に、なぜ怯えない？」

「どうして恐れなければいけないのだ。生きていれば死は必ず訪れる。それに私の腹の中には、武器になる雷《いかずち》がある。私を食べても、それを消化することはできまい。お前を腹の中から木端微塵に吹き飛ばして死をもたらすだろう。そうなればどちらもおしまいだ。だから恐れないのだ！」

読者はおわかりだと思うが、五武器王子は内なる「叡智の武器」のことを指して言っている。この若い英雄は、実は未来のブッダその人の、初めの頃の姿である。

雷（ヴァジュラ）は、仏教の図像学では重要なシンボルのひとつで、この世の移ろいやすい現実を破壊する、仏性の霊力（不滅の悟り）を意味する。絶対神である法身普賢は、チベットの絵画などではヴァジュラ‐ダラ（チベットの言葉でドルジェ‐チャン）、「金剛石のように硬い稲妻を持つ者」の姿で表される。

古代メソポタミア（シュメールとアッカド、バビロニアとアッシリア）の流れを汲む神々の像では、ヴァジュラと同じ形の雷は目につく要素で（図62参照）、ゼウスの雷もここから受け継いでいる。

また未開の諸民族の間では戦士が武器のことを雷と呼ぶこともよく知られている。***Sicut in***

coelo et in terra（「みこころが天に行われるとおり地にも行われますように」）、秘義を伝授された戦士は神の意志の代理人である。戦士の訓練には、武器の操作だけでなく、精神の鍛練もある。魔術（雷の超自然的な力）は、物理的な強さや化学的な毒と同じように、攻撃に強力なエネルギーを与える。完璧なまでに熟練すれば、物理的な武器などまったく不要だ。魔法の言葉の力だけで十分だろう。

五武器王子のたとえ話は、このテーマを表す。しかし他にも、経験的物理的特質のみを頼りにし、またはそれだけを誇るなら、その人はすでに破滅している、ということも教えている。クーマラスワミー博士は、「ここに描かれる英雄は、審美的な経験［「五カ所」とは五感のこと］の渦に巻き込まれているとも言えるが、本来備わっている徳が高いため、自らを解放し、他者も解放することができる」と書いている。[43]

＊　五武器王子の冒険は、ほとんど世界中で知られているタール人形という民話の、最古の形だと言われている。アウレリオ・M・エスピノーサの Notes on the Origin and History of the Tar-Baby Story (*Journal of American Folklore,* 43 [1930]:129-209)、A New Classification of the Fundamental Elements of the Tar-Baby Story on the Basis of Two Hundred and Sixty-Seven Versions (*Journal of American Folklore,* 56[1943]:31-37)、およびアナンダ・K・クーマラスワミーの A Note on the Stick Fast Motif (*Journal of American Folklore,* 57 [1944]:128-131) を参照。

「この若者が言うことは正しい」と人食い鬼は考え、死の恐怖に怯えた。「この獅子のような人間の体では、肉片がインゲン豆のように小さくても、おれの胃袋では消化できないかもしれない。こいつは逃がそう」そうして人食い鬼は五武器王子を解放した。未来のブッダは人食い鬼に教えを説いて鎮め、克己心を持たせ、森の中で施しを受けられる精霊に姿を変えさせた。思慮深くあれと人食い鬼を諭した若者は森を出て、森の入り口で人々に一部始終を語って聞かせ、そうして去って行った。[44]

私たちを五感で絡めとる世界、身体の器官をどう動かそうと押しのけることができない世界の象徴として、怪物「脂毛」はようやく鎮まったが、鎮まったのは、一時的に名前にもなった五つの武器と身体的形質で守られなくなった未来のブッダが、名もなく目にも見えない第六の武器を頼ったときだった。それは、超越的な原理を表す聖なる叡智の雷で、名前や形に支配される現象の世界を超えたものである。これによって状況は変わった。人食い鬼は何ものにもとらわれず、解放された。思い出した本来の自分は、いつまでも縛られることはない。現象としての怪物の力は消え、怪物は克己心を持たされた。そして克己心を持つことで、聖なるもの、施しを受けられる精霊になった。究極の存在ではなく、すべての名前や形を超越しながら内在するものの単なる名前や形として認識されるときの世界と同じである。

人から見られないように神を隠す「天国の壁」は、ニコラウス・クザーヌスによると、「相反するものを同時に存在させるもの」から構成される。[45] その門は「最も高度な理性の精神が守り、乗り越えられるまで道をふさぐ」という。対になるもの（有か無か、生か死か、美か醜か、善か悪かなど、才能を希望と恐怖に結び付け、運動器官を防御と獲得という行為に結び付ける、両極にあるものすべて）は、旅人を潰す岩（シュムプレガデス）になるが、英雄は必ずその間をすり抜ける。これは世界中で見られるモチーフである。ギリシア人が思い浮かべるのは、風に吹かれてぶつかり合うエウクセイノス海の二つの岩礁だが、アルゴー船に乗っていたイアソンがこの岩の間を通り、それ以来、岩はぶつからなくなったという。[46]ナヴァホ族の双子の英雄は、蜘蛛ばあさんから同じような岩の話を聞かされたが、道を表す花粉の呪文と、生きたワシから引き抜いた羽に守られて、やはり通り抜けた。[47]

太陽の扉を通って立ち昇る捧げ物の煙のように、英雄もまた、自我から解放され、世界の壁を抜けていく。自我は「脂毛」にくっつけたまま置き去りにして、先へ進むのである。

5　クジラの腹の中

神秘の境界を越えることは再生の領域に入ることであるという概念は、クジラの腹の中という世界中で知られる子宮のイメージで表される。英雄は境界の力に打ち勝ったり折り合いをつけたりする代わりに未知のものに呑み込まれ、死んだように見えることもあるだろう。

> 魚の王、ミッシュ - ナーマは、
> 怒りに身を任せ、水面に向かって急上昇し、
> 日の光の中へ、しぶきをあげて躍り出た。
> 口を大きく開けて呑み込んだのが、
> カヌーとハイアワサ[48]。

ベーリング海峡のエスキモーには、トリックスター的な英雄ワタリガラスの話が伝わっている。ある日カラスが海辺で服を乾かしていると、メスのクジラが岸近くをもったいぶって泳いでいるのが見えた。そこで声をかけてみた。「次に息継ぎで上がってきたら、口を開け

図18　我が子を食らうサトゥルヌス
（部分、石膏油彩、キャンバス、スペイン、1819年）

図19　金剛力士像（木造彩色、日本、1203年）

て目をつぶってみせてよ」そうして急いでカラスの衣を着て、カラスの面をかぶり、火おこし棒を小脇に抱えて、海の上を飛んでいった。クジラが上がってきた。言われたとおりにしている。するとカラスは大きく開けた口の中に飛び込み、喉まで突進した。クジラはびっくりして口を閉じ、深く潜っていった。カラスは腹の中であたりを見回した[49]。

ズールー族には、二人の子どもと母親がゾウに呑み込まれた話がある。母親がゾウの腹に着くと、「大きな森と河がいくつもあって、高地も連なっているのが見えた。腹の片側には岩がゴロゴロしていて、大勢の人たちが村をつくっていた。犬も牛もたくさんいる。全部、ゾウの腹の中にあった[50]」

アイルランドの英雄フィン・マックールは、ケルト世界ではピーストとして知られる、形のはっきりしない怪物に呑み込まれた。ドイツの少女、赤ずきんは、オオカミに呑み込まれた。ポリネシアで人気のあるマウイは、曾祖母の母ヒネ‐ヌイ‐テ‐ポに呑み込まれた。ギリシアの神々は、ただ一人ゼウスを除いてすべて、父であるクロノスに呑み込まれた。

ギリシアの英雄ヘラクレスは、アマゾンの女王の帯を持って国に戻る途中、トロイアに寄り、海神ポセイドンが送り込んだ怪物のせいでトロイアの人々が困っているのを知った。怪物が海辺に現れては、平地を行き来する人間を貪り食うという。王の娘ヘシオネが、神の怒りを鎮める生贄として、父王によって海岸の岩に縛られ、大英雄は、褒美を条件に王女の救出に同意した。やがて怪物が海から現れ、大きく口を開けた。ヘラクレスは怪物の喉に向かって飛び込み、腹を切り裂いて出てきた。あとには怪物の死骸が横たわっていた。

　これはよくあるモチーフで、境界を越えるのは自己消滅のひとつの形である、という教訓を強調している。シュムプレガデスの冒険と似ているのは明らかだ。しかしここでは、英雄は目に見える境界を越えて外へ出るのではなく、中へ向かって、もう一度生まれようとする。姿を消すという動きは、礼拝する者が神殿に入っていくことと符合する。自分が誰で何者か、不死身でなければ塵芥にすぎない、と思い出して生まれ変わろうとするところである。神殿の中、クジラの腹の中、世界の境界の向こうや上や下にある天の国は一つで、どれも同じものだ。だから神殿に通じる道や入り口は側面にあり、龍や獅子、剣を抜いた悪魔退治《デビルスレイヤー》、怒った小人《ドワーフ》、翼のある牡牛など、巨大なガーゴイルが守っている。これが境界の守護者で、内なる高度な沈黙と向き合うことができないものは寄せ付けない。ガーゴイルは存在するものの危険な面を仮の姿に表した像で、慣習に縛られた世界の境界にいる神話の人食い鬼や、二列に並んだクジラの歯に相当する。礼拝する者は神殿に入る瞬間に変容を経験する、ということを表すのである。礼拝する者は世俗の人格をまるで蛇が殻を脱ぐように脱ぎ捨てて、神殿の外に残す。一度神殿の中に入ってしまえば、時という概念において死んだことになり、「世界の子宮」、「世界のへそ」、「地上の楽園」に帰ってきたことになると言っていいだろう。誰でも物理的には、歩いて神殿の守護者を通り過ぎることはできるが、だからといって守護者の価値が貶められることにはならない。中に入った人が聖壇を心から受け入れることができなければ、その人は事実上、まだ外部の人間だからだ。神を理解できない人は神を悪魔とみなし、近づくことが許されない。つまり寓話的に考えると、神殿に入ることと英雄がクジラの口に飛び込むことは同じ冒険ということになり、どちらも視覚言語では生が一点に集まる行為、生が新しくなる行為を表すことになる。

アナンダ・K・クーマラスワミーは、「神の被造物は、存在することを止めなければ、より高い次元の性質に達することができない」[51]と書いている。事実、英雄の物理的な肉体は、実際に殺され、切断され、陸地や海のあちこちにばらまかれることがある。エジプトの救い主オシリスの神話がそうである。オシリスは、石棺に投げ込まれて弟のセトによってナイル川に流され、*そして死から復活するとまたしても弟に殺され、身体を一四に裂かれて国じゅうにばらまかれた。ナヴァホ族の双子の英雄は、旅人を潰す岩を通り抜けるだけでなく、旅人を八つ裂きにする葦や、旅人を呑み込む煮えたぎる砂も通らなければならなかった。自我への執着をすでに断ち切ってしまった英雄は、まるで王が自分の城にある部屋すべてを出たり入ったりするように、容易に世界の境界を行ったり来たりし、龍の腹を出たり入ったりできる。そしてそこにこそ、英雄の救済する力がある。なぜなら、この行ったり来たりが、現象世界にある相反するものすべての中に「創造されない不滅なるもの」がまだあることの証拠になり、恐れるものがないからである。

つまり、龍退治という生を豊かにする神秘をこの世で目に見える形にする、そういう役目を負った人間が、世界中で自らの体を使って象徴的な大きな役を演じ、世界を作り直すため

＊　石棺はクジラの腹の中と同じ意味を持つ。パピルスで作った籠に入れられたモーセと比較しよう。

にオシリスの身体のように肉体をばらまいてきた、ということである。たとえばフリュギアでは、磔にされ復活した救い主アッティスを祝して、三月二二日に松の木を切って地母神キュベレの祭壇に運ぶ。そして遺体のように毛織物の包帯を巻いてスミレの花輪で装飾する。それから若者に模した人形をその中ほどに縛り付ける。翌日には儀式的に嘆き悲しみ、ラッパを吹く。そして三月二四日は「血の日」である。高位の神官は腕を切って流れる血を捧げものにし、位の低い聖職者は、太鼓や角笛、横笛、シンバルの音に合わせて激しいダルウィーシュの踊りでぐるぐる回り、興奮の絶頂に達するとナイフで自らの体を傷つけ、その血を祭壇と包帯を巻いた松の木に振りかける。修練士たちは死と復活を祝っているこの神を模して、自ら去勢し卒倒する。(52)

アッティスが払った犠牲とは、ポセイドンから受け取った牡牛を手元に置いて返さなかったときの、ミノス王が拒絶した犠牲である。フレイザーが示すように、儀式的な王殺しは、古代の世界においては普通に行なわれる伝統である。「南インドでは、王の統治と命は、木星が太陽の周りを回るたびに終わる。その一方でギリシアでは、王の運命は八年ごとに採決にかけられたようである。……アテネ人が八年ごとにミノス王に献上しなければならなかった七人の若者と七人の乙女は、王権をさらに八年継続することと何らかの関係があったと考えても早計ではないだろう(53)」ミノス王に求められた牡牛の犠牲には、これまで引き継がれてき

図20　イアソンの帰還
（赤絵、萼型壺、エトルリア、イタリア、紀元前470年頃）

た伝統的なパターンから推察すると、八年の王権の終わりには王自身も犠牲を払うようにという暗示もあった。しかしミノス王はそれには応じず、アテネ人の若者と乙女を身代わりに差し出したように見える。こうして神たるミノスは怪物ミノタウロスになり、自己を犠牲にすべき王が暴君たる権力の亡者になり、一人ひとりがそれぞれの役目を負う神官国家が、一人ひとりが自分のために動く商業帝国になった。このような身代わりを使う方法は、紀元前三〇〇〇年から二〇〇〇年の間、初期の神官国家の大いなる時代が終焉に向かう古代の世界のどこでも、一般的になっていたようである。

そして同様の考え方に基づいて、南インドのクィラケア地方の王は、統治一二年の総仕上げとして荘厳な祭りの日、木材で足場を作らせ、絹の掛け布をそこに広げた。王は仰々しい作法に則って音楽に合わせて沐浴《もくよく》の儀礼を行ない、その後神殿に向かって神に祈りを捧げた。それから足場に上り、人々が見守る中で刃先の鋭いナイフを何本か取り出して、鼻、耳、唇を切り取り、自分でできる範囲で体中の肉片を切り取った。そして切り取った肉片をまき散らし、大量の血が流れると、やがて気を失い始め、とどめに喉を掻っ切った。(54)

図21　聖アントニウスの誘惑（銅版彫刻、ドイツ、1470年頃）

第二章

イニシエーション

1　試練の道

境界を越えた英雄は、流れるように動く曖昧な輪郭の夢の風景に入っていく。そこでは、次から次へと襲ってくる試練を乗り越えていかなければならない。これは神話の冒険では人気の場面である。そこから、試されたり試練を与えられたりする奇跡を題材にした世界文学が生まれた。英雄は、この世界に来る前に自然を超越した者に出会って助言や魔除け、使いの精を与えられ、それによって知らないうちに助けられていく。この世界に来て初めて、恵み深い力が、超人的な経験をする自分をいたるところで支えてくれることに気づく、といってもいいだろう。

「困難な仕事」をモチーフにした最も有名で魅力的な話は、プシュケがいなくなった恋人キューピッド（クピド）を探す話である。(1)この話では、主な登場人物の役割が普通とは逆になっている。花嫁を手に入れようとする恋人ではなくて、恋人を手に入れようとする花嫁であり、娘に恋人が近づかないようにする非情な父親ではなく、息子のキューピッドを花嫁から隠そうとする嫉妬に燃えた母親ヴィーナスなのだ。プシュケがヴィーナスに懇願すると、女神ヴィーナスは乱暴にプシュケの髪をつかんでその頭を地面に打ち付け、小麦、大麦、キビ、けし粒、えんどう豆、平豆、インゲン豆を大量に持ってきて、それを全部混ぜ合わせて山にし、夜までにえり分けるよう命じた。このときはアリの群れが助けてくれた。次にヴィーナスは、野生の危険な羊から金の羊毛を集めてくるよう命じた。この羊は角が鋭く、咬まれれば毒にやられる獰猛な羊で、物騒な森の、とても行きつけない谷に棲んでいる。しかし今度は緑の葦が、羊が通ったあとに落としていく金色の毛を葦原のあちこちで集めればいい、と教えてくれた。ヴィーナスが次に言いつけたのは、そびえたつ岩山の上にある冷たい泉から水を壺に汲んでくるように、ということだった。その岩山は眠らぬ龍がぐるりと取り囲んでいた。すると一羽のワシが飛んできて、このとんでもない仕事をやってくれた。そして最後に、プシュケは冥界の底から、この世のものではない美しいものが詰まった箱を取ってくるよう命じられた。しかし今度も、高い塔が冥界に下りる方法を教えてくれ、カローンに渡すコインを授け、ケルベロスをおとなしくさせる食べ物を持たせて送り出してくれた。

図22　プシュケとカローン（油彩、キャンバス、イギリス、1873年頃）

冥界を目指すプシュケの旅は、おとぎ話や神話の英雄たちが経験する、数えきれないほどの冒険のひとつにすぎない。すさまじく危険な冒険の中に、北の果てに住む民族（ラップランド人、シベリア人、エスキモー、アメリカ先住民の一部）のシャーマンが経験する冒険がある。病気のために地獄へ堕ちたり体から離脱したりした魂を、探して連れ戻す旅だ。シベリア人のシャーマンは旅に備えて、鳥かトナカイを表す魔法の衣装を身に着ける。それはシャーマン自身の隠れた姿であり魂の形である。手に持つドラムは、ワシやトナカイ、馬といった動物を表す。シャーマンはそれに乗って飛んだり走ったりするといわれている。もう一つ持っている杖もシャーマンに力を貸す。さらに、目には見えない使いの精が大勢ついてきている。

かつてラップランド人の社会を訪れた旅行者が、死の王国へ向かうこうした変わった使者の奇妙な儀式を、鮮やかに記録している。[2] あちらの世界は夜が永遠に続く国なので、シャーマンの儀式は暗くなってから始めなければならない。友人や近所の人たちが、ぼんやりした光がちらちら揺らめく病人の家に集まり、魔術師の身振り手振りをよく見て真似る。まずシャーマンは、手を貸してくれる精霊を呼び出す。すると魔術師にしか見えない精霊たちがやってくる。シャーマンに付き添うのは、ベルトをしめず、麻のフードをかぶった儀式用に装った女性が二人、ベルトもフードもない衣装の男が一人、そして未成年の女の子だ。

シャーマンは頭にかぶったものを取り、ベルトと靴ひもを緩め、両手で顔を覆って、さまざまな円を描きながら、ぐるぐる回り始める。そして突然、荒々しい身振りとともに叫ぶ。「トナカイの支度だ！　いざ、漕ぎ出せ！」シャーマンは斧をつかむと、自分の膝のあたりに斧を打ち付け、三人の女性のほうへ斧を振り上げる仕草を始める。そして火にくべられていた燃える丸太を素手で引っ張り出す。女性一人ひとりの周りを、三回ずつものすごいスピードで走って、最後には「まるで死んだように」崩れ落ちる。この間、誰もシャーマンに触れることができない。シャーマンが失神している間は、ハエの一匹もとまらないよう、しっかり見張るだけだ。シャーマンの霊魂は体から離れ、聖なる山々をそこに住む神々とともに眺めている。付き添う女性たちは互いに小声で話しながら、シャーマンがあの世のどこにいるのか当てようとする。

女性たちには、シャーマンがあの世のどこにいるのか、わからないことがある。その場合、シャーマンの霊魂は肉体に戻ってこられないかもしれない。敵対するシャーマンの彷徨《さまよ》える霊魂が戦いを挑むこともあるだろうし、彷徨わさせられることもあるだろう。戻ってこられなかったシャーマンも多かった、といわれている。(3)

女性たちが正しい山を言い当てれば、シャーマンは手か足を動かす。ようやく霊魂が肉体に戻り始めるのである。そして低く弱い声で、冥界で聞いた言葉を発する。すると女性たちが歌い始める。シャーマンがゆっくりと目を覚まして病気の原因と生贄の方法を伝える。それから病人がよくなるまでどのくらいかかるかを告げる。

この様子を見た別の人は、こう報告している。

「シャーマンは、この難儀な旅で、さまざまな障壁《プダク》にぶつかって、それに打ち勝たなければならないが、いつも簡単に乗り越えられるとはかぎらない。暗い森や深い山々を歩き回っていると、旅の途中で死んだシャーマンや乗ってきた動物の骨に出くわすこともあり、そのうちに地面に開いた穴にたどり着く。ここから冒険の最難関のステージが始まる。冥界の深淵が、すさまじい光景とともに目の前に開いているのである……。死の王国の見張り番を手なずけ、数々の危険をやり過ごしていくと、ようやく冥界の王エルリクその人にたどり着く。エルリクはシャーマンに襲いかかり激しく吼えたてるが、十分に熟練したシャーマンであれば、立派な供え物を約束して、この怪物をなだめて下がらせることができる。エルリクと話しているときが、この儀式の成否の分かれ目である。シャーマンは恍惚に陥っていく(4)。

ゲザ・ローハイム博士は次のように書いている。「あらゆる未開部族には呪医がいる。そして呪医が神経症患者または精神異常者であり、少なくともその治療行為が神経症や精神異常と同じメカニズムを基盤にしていることは、容易に説明できる。人の集団はその集団の理念によって動き、理念は常に幼児期の状態を基盤にする(5)」「幼児性をもつ状態は成人になる過程で変化したり反転したりし、さらに現実社会に適合させる必要から変化する。それでも幼児性はそこにあり、人の集団が存在するために必要な、目に見えないリビドー的結び付きをもたらす(6)」したがって呪医は、その社会の大人一人ひとりの精神《プシケ》に存在する象徴的な幻想を抱くシステムを、目に見えるようにし、周知させるだけなのだ。「呪医はこの幼児性をもつ社会的行動の主導者であり、共通する不安を照らす指導者である。呪医は、他の者が獲物を追い、普通に現実と戦えるように、悪魔と戦うのである(7)」

そういうわけで、どこの社会でもかまわないが、誰かが自ら、意図的でもそうでなくても、自身の心の迷宮に続く曲がりくねった道を下りて、闇への危険な旅に出るとすれば、すぐに象徴的な形の光景（そこに呑み込まれることもあり得る）の中にいることに気づく。それは障壁《プダク》と聖なる山々という、荒々しいシベリア人の世界に引けをとらないくらい不思議な光景だ。神話の言葉を使うなら、これは「道」つまり「自身の浄化」の第二段階であり、このとき五感は「洗い清められ、謙虚な気持ちになり」、気力と関心は「超越的な事象に集中する」[8] 現代風に言うなら、自分の過去の幼児期のイメージを分析、超越、変容させるプロセスである。私たちの夢には、時間を超越した危険やガーゴイル、試練、さりげない助けや道を指し示す人物などが、まだ夜ごと現れる。そしてその形の中に、現在の状況の全体像だけでなく、救われるためには何をしなければならないかというヒントも、映し出されているのがわかる。

「ぼくは、中に入りたいと思いながら、暗い洞窟の前に立っていました」ある患者が精神分析を始めるときに語った夢の話である。「帰り道がわからなくなるかもしれない、と思うとゾッとしました[9]」「一匹また一匹と、獣が現れた」エマヌエル・スヴェーデンボリは自分の夢を記した本に、一七四四年一〇月一九日から二〇日にかけての夜に見た夢について記録している。「そいつらは翼を広げた。龍だった。その上を飛び越えようとしたら、一匹が私を支えてくれた[10]*」劇作家のフリードリッヒ・ヘッベルは、その一世紀後（一八四四年四月一三日）にこう記している。「夢の中で私は、海の中からすごい力で引っ張られていた。恐ろしい底なしの穴がいくつもあって、そこかしこにつかまっていられそうな岩があった[11]」テミストクレスは蛇の夢を見た。蛇はテミストクレスの身体に巻きついて首まで這い上がり、顔に触れるとワシになってテミストクレスを爪にひっかけ、舞い上がって遠くまで運び、突然現れた黄金の使者の杖の上に、テミストクレスをしっかり置いた。そのとたん、テミストクレスは大きな不安や恐怖から解放された[12]。

夢を見る人が抱えている心理的な問題は、感動するくらい単純明快で力強く夢に現れることが多い――。

「私は山を登らなければなりませんでした。途中は障害物だらけです。溝を飛び越えなければならないかと思えば、今度は生け垣を越えなければならない。とうとう息が切れて立ち尽くさざるを得なくなってしまいました」これは吃音に悩む人の夢である[13]。

「私は水面が鏡のように静かな湖のそばに立っていました。不意に嵐がやってきて、高い波が立ちました。顔中びしょびしょです」赤面を恐れる（赤面恐怖症）女の子の夢である。赤面すると、顔が汗でびしょびしょになってしまう[14]。

「ぼくはある女の子の後を追って、暗い道を歩いていました。見えるのは後ろ姿だけなのですが、美しさに心を奪われていました。強烈な性的欲望が湧いてきて、ぼくは走って追いかけました。突然、バネで放たれたような光の筋が目の前を横切って、ぼくは進めなくなりま

＊　この夢についてスヴェーデンボリ本人が次のように言っている。「この種の龍は、翼が見えるまでは龍の姿にならない。それは不実の愛を表す。これについて、ちょうど本を書いているところだ」（Ježower, *Das Buch der Träume*, p.490）

した。胸がドキドキして目が覚めました」この患者は同性愛者。横切った光線は男根を表す[15]。

「ぼくは車に乗り込みました。でも運転の仕方がわかりませんでした。すると後ろに乗っている男の人が教えてくれました。ようやくうまく運転できて、広場まで来ました。そこには女の人たちが大勢立っています。その中にぼくの婚約者のお母さんがいて、とても喜んで迎えてくれました」この男性は性的不能者だが、精神分析家の中に導びき手を見たのである[16]。

「石が当たって車のフロントガラスが壊れてしまった。雨風がもろに吹きつける。涙が目にあふれた。はたしてこの車で目的地に着けるのだろうか」この夢を見たのは若い女性で、処女を失って立ち直れないでいた[17]。

「体が半分の馬が地面に横たわっているのが見えた。翼一枚でなんとか起き上がろうとしているができない」患者は詩人だが、日々の糧はジャーナリストの仕事で稼がなければならなかった[18]。

「子どもに咬まれた」この患者は性心理学的な幼稚症に苦しんでいた[19]。

「暗い部屋に、兄と閉じ込められている。兄は手に大きなナイフを持っている。兄のことが怖い。『兄さんのせいで頭がおかしくなっちゃうよ、精神病院に送るつもりか』とぼくは言うが、兄は楽しむかのように意地悪く笑って答える。『お前はいつだって俺の手の中だ。俺たち二人は、一本の鎖で縛られているんだからな』足元を見て初めて、太い鉄の鎖がぼくたち二人を縛っているのに気づいた」兄とは患者の病気のこと、とシュテーケル博士は注釈をつけている[20]。

一六歳の女の子がこういう夢を見た――「狭い橋を渡ろうとしています。突然橋が壊れて、川に落ちました。お巡りさんがすぐに川に飛び込んで、力強い腕で私を抱えて岸に上げてくれました。急にわたしは自分が死んでいるような気がしました。お巡りさんも真っ青で死体のように見えました[21]*」

「その患者は夢の中で、地下室の深い穴の中に見捨てられてたったひとりでいます。すると周りの壁がだんだん迫ってきて穴が狭まり、身動きがとれません」これには、母の胎内、監禁、独房、墓のイメージが混じっている[22]。

「夢の中のわたしは、どこまでも続く廊下を進まなければいけません。次に公衆浴場の浴槽のような小さな部屋が出てきて、わたしはそこにしばらくいました。すると何人か人が来て、そこを出ろ、と言います。今度は濡れて滑りやすい換気口の中を進まなければなりません。そのうちに小さな格子戸を抜けて外へ出ることができました[23]。新しく生まれた感じがして、『これは、自己分析による精神的な再生だな』と思いました」

---

* シュテーケル博士によると、「もちろん、ここの『死んでいる』は『生きている』という意味だ。この子は生き始め、警官もこの子と一緒に『生きる』。二人は一緒に死ぬ。それが、心中というよくある幻想に強烈な光を当てている」

この夢が、剣の橋（砥いだ刃、43頁参照）という、ほとんどどこにでもある神話のイメージを含むことにも、注意したい。ランスロットが「死の王」の城からグウィネヴィア王妃を救い出す騎士物語にも出てくる。

疑問をさしはさむ余地はないだろう。過去の世代の人々が神話や宗教の形で受け継いだ象徴や精神的修練に導かれて通った心理学的に危険な事態を、現代の私たちは（信仰心がないならば、または信仰心を持っていたとしても、継承された信仰では現代社会の現実的な問題が説明できないならば）一人で立ち向かわなければならず、助けがあったとしても、せいぜいあやふやで間に合わせで、たいていはあまり役に立たない手引きにすぎない。これは、現代的で「啓蒙された」人間としての私たちの問題で、そういう私たちのせいで、神や悪魔は合理的に説明されて存在しなくなってしまった。* それでも、残されていたり、地球上の隅々から集めたりしたたくさんの神話や伝説の中に、人間的な振る舞いの何かがまだ残っていて、それが描かれているのを見つけられるかもしれない。しかしそれを聞いて役立てるためには、ともかく魂を浄化し身をゆだねなければならないだろう。そしてそれが私たちの問題の一部なのだ。どうしたらいいのだろうか。「亡くなった人々が経験したような試練を受けずに、『至福の園』に入ろうと思うのか[24]」

変容の門を通過する最も古い記録はシュメールの神話にある。女神イナンナが冥界に下りていく話だ。

　「偉大なる天上」から心を「偉大なる冥界」へ向け、
　女神は「偉大なる天上」から心を「偉大なる冥界」へ向け、
　イナンナは「偉大なる天上」から心を「偉大なる冥界」へ向けた。

私の女主人は天を捨て、地を捨て、冥界へ下りた。
イナンナは天を捨て、地を捨て、冥界へ下りた。
天の地位を捨て、身分を捨て、冥界へ下りた。

イナンナは女王のような衣装と宝石で身を飾った。腰には神の七つの掟をくくりつけた。これでいつでも「二度と戻れない地」、敵であり姉である女神エレシュキガルが治める死と闇の冥界に入れる。そして万一姉に殺されることを恐れて、三日経っても戻ってこなかったら、天へ行って、神々が集まる場所で嘆きと非難の声をあげるように、と使者のニンシュブルに指示した。

イナンナは冥界に下りていった。瑠璃《ラピス・ラズリ》の石でできた寺院に近づくと、入り口に門番の頭《かしら》がいた。頭は、名前と目的を尋ねた。「私は太陽が昇る天の女王」と答えると、頭はこう言っ

＊　C・G・ユング博士によると「これは決して新しい問題ではない。私たちの前のどの時代の人々も、さまざまな形の神を信じてきた。ただ象徴主義があまりに貧弱になれば、神を精神《プシケ》の要素として、つまり無意識の元型として再発見できるようになる……。天は私たちにとって自然科学者の言う宇宙空間になり、神の最高天は、かつて存在したものを留める美しい記憶になった。しかし『心は光を放ち』、隠れた不安が私たちの存在の根元でうずくのである」(Jung, “Archetypes of the Collective Unconscious,” par. 50)

た。「太陽が昇る天の女王なら、なぜ二度と戻れない地においでか。たどる者が二度と戻れない道を、どのようにお心が導いたのか」イナンナは、姉の夫グガルアンナ神の弔いに参列するためにやってきた、と答えた。門番の頭ネティは、エレシュキガルに報告するから待つように、と言った。ネティは、天の女王のために七つの門を開け、慣例を守って門ごとに身に着けているものを一つずつ取るように、という指図を言いつかった。

汚れなきイナンナに門番が言う
「イナンナさま、お入りください」

第一の門を入ると
頭を飾る「草原の冠」シュガルラを取られた。
「これはどういうことか」
「イナンナさま、すばらしいことに、冥界の掟がなされました。
冥界の儀式に口を挟まれませぬように」

第二の門を入ると
ラピス・ラズリの杖を取られた。
「これはどういうことか」

「イナンナさま、すばらしいことに、冥界の掟がなされました。

冥界の儀式に口を挟まれませぬように」

第三の門を入ると
ラピス・ラズリの小さな石を連ねた首飾りを取られた。

「これはどういうことか」

「イナンナさま、すばらしいことに、冥界の掟がなされました。

冥界の儀式に口を挟まれませぬように」

第四の門を入ると
胸に輝く宝石を取られた。

「これはどういうことか」

「イナンナさま、すばらしいことに、冥界の掟がなされました。

冥界の儀式に口を挟まれませぬように」

第五の門を入ると
手を飾る金の指輪を取られた。
「これはどういうことか」

「イナンナさま、すばらしいことに、冥界の掟がなされました。冥界の儀式に口を挟まれませぬように」

第六の門を入ると
胸当てを取られた。
「これはどういうことか」
「イナンナさま、すばらしいことに、冥界の掟がなされました。冥界の儀式に口を挟まれませぬように」

第七の門を入ると
女王の印であるすべての衣服を取られた。
「これはどういうことか」
「イナンナさま、すばらしいことに、冥界の掟がなされました。冥界の儀式に口を挟まれませぬように」

裸のまま、イナンナは玉座の前に連れてこられた。そして深く頭を下げた。冥界の裁判官アヌンナキ七人がエレシュキガルの玉座の前に座り、じっとイナンナを見つめた。死の目である。

アヌンナキが言葉をかければ、魂を苦しめる言葉をかければ、
打ちのめされた女は死体になった。
死体は杭から吊り下げられた。(25)

それぞれ光と闇を司る姉妹イナンナとエレシュキガルは、象徴化の古い考え方によると、二つの側面を持った一人の女神を二人で合わせて表していることになる。二人の対決は、試練による困難な道が意味するすべてのものの縮図だ。神であれ女神であれ、男であれ女であれ、神話の登場人物であろうが夢を見る人であろうが、英雄は自分とは正反対のもの（思いもよらない自分自身）を発見し、呑み込むか呑み込まれるかして、それと融合する。そしてひとつひとつ抵抗するものを排除する。プライドも美徳も美も人生も取り除いて、圧倒的に耐えがたいものに頭を下げ、屈しなければならない。そうすると、自分も正反対のものも、なんら違うところはなく、同一の肉体であることがわかる。*

厳しい試練とは、最初の境界で起きた問題を深めることである。そして自我は自身を死に

＊　ジェイムズ・ジョイスの言葉を借りるなら、「正反対同士は、両性的に表現するただ一つの条件と方法としての本質または精神の一つの同じ力によって進化し、反意の結合による再統合のために対立させられて、互角になる」（ジェイムズ・ジョイス『フィネガンズ・ウェイク』）

追いやることができるのか、という疑問にはまだ答えが出ていない。私たちを取り囲んでいるヒドラは多頭だからだ。一つを切り落とせば、そこから二つ出てくる。切ったところに正しい焼灼剤をつけなければ、そういうことになる。試練の地に向けたそもそもの出立は、イニシエーションの克服と啓蒙の瞬間という、長くて実際に険しい道の始まりにすぎなかった。すでに龍は退治され、驚くほどの障害物も通過した。何度も何度もやってきた。そうこうしているうちに、予備的な勝利を重ね、そのときどきの恍惚感を覚え、不思議の国を目にする機会も多くなるだろう。

図23　神々の母（木彫り、エグバ－ヨルバ族、ナイジェリア、年代不詳）

2　女神との遭遇

障害物や人食い鬼などをすべて乗り越えたあとの最後の冒険は、一般的には勝利を手にした英雄の魂と世界の女王女神との神秘的な結婚《ヒエロス・ガモス》（*ἱερὸς γάμος*）で表現される。これは、どん底や絶頂、地上の最果て、宇宙の中心、寺院の礼拝堂の中、心の奥底の暗闇の中での重大局面である。

アイルランドの西部では、いまだに「孤島の王子」と「タバー・ティンタイの美女」の話が語り継がれている。王子は、エリン（アイルランドの古称）の女王を癒すために、炎をあげる妖精の井戸タバー・ティンタイの水を瓶に三本もらってこよう、と英雄らしく旅に出た。そして途中で自然を超越した力を持つおばさんに出会ってその助言を聞き、おばさんからもらった汚れて痩せて小さくてみすぼらしい不思議な馬に乗り、火の川を渡って毒の木の林を無事に抜けた。風のように疾走する馬は、タバー・ティンタイの城の境界を越えた。馬の背中から王子は開いている窓めがけて飛び込み、音をたてずに無事に中に降り立った。

中はとてつもなく広く、海や陸の巨大な生き物や怪物がそこらじゅうで眠っていた。

大きなクジラ、ヌルヌルした長いウナギ、熊、ありとあらゆる姿形の野獣たちだ。王子は眠っている者たちの間を抜けたり飛び越えたりして、大きな階段までやってきた。階段を上がりきったところで、王子は部屋に入った。そこには、今までに見たこともないほど美しい女性が寝椅子の上で眠っていた。「あなたには用はない」王子はそう思って、次の部屋に向かった。そんなふうにして一二の部屋に次々と入っていった。次の部屋に入るたびに、前の部屋の女性よりも美しい人がいた。ところが一三番目の部屋に来てドアを開けたときのこと、金色の閃光が目に入った。王子は目が見えるようになるまでじっとしていて、それから中に入った。大きくて明るい部屋には、金の車輪がついた金の寝椅子があった。車輪は止まることなく回り、寝椅子は昼も夜も止まらず、ぐるぐる動いている。寝椅子の上にはタバー・ティンタイの女王が横になっていた。一二人の乙女たちが美人だとしても、女王の近くでは美人には見えないだろう。寝椅子の足元には例の火の井戸タバー・ティンタイがある。井戸には金の蓋がしてあり、女王の寝椅子と一緒に止まることなく回っていた。

「よし決めた。ここにしばらくいよう」王子はそう言うと、寝椅子に上がって六日六晩、そこから動かなかった[26]

「眠りの森の美女」は、おとぎ話や神話ではなじみのある登場人物だ。ブリュンヒルトといばら姫の話に変えて、説明したとおりである[27]。「眠りの森の美女」は美女の中の美女の典型で、あらゆる欲望に応える存在であり、英雄のこの世やあの世での探索が目指す、至福を授ける目標である。美女は母であり、姉であり、恋人であり、花嫁となる。現世でのどんな誘惑も、どんな喜びの約束も、この美女の存在につながった。この世界の街や森の中にはいなくとも、深い眠りの中にはいた。美女は約束された理想の化身であり、どうにもならない不都合に満ちた世界をさまよった後にはかつて経験した至福を再び経験するだろう、という魂の確信であり、ずっと昔に出会い触れもした、私たちを慰め育んでくれる「良き」母——しかも若く美しい母なのである。時は美女を封印して遠ざけたが、時を超越した海の底で、永遠に眠る者のようにその人は住んでいるのである。

しかし、記憶に甦るイメージは恵み深いとはかぎらない。「悪しき」母もいる。(一)そこにいない、手の届かないところにいる母。この母に対しては攻撃的な空想を向け、仕返しを恐れる。(二)妨害し、禁止し、罰を与える母。(三)遠ざかろうとする成長期の子どもを抱え込む母。そして(四)欲望の対象になりながらそれを禁じられる母(エディプス・コンプレックス)。存在そのものが危険な欲望への誘惑になってしまう(去勢コンプレックス)母で、これは大人になっても幼児期の記憶という隠された領域に潜み、より強くなることもある。悪しき母は、貞節で怖い女神ディアナ(アルテミス)のような、手の届かない偉大な女神像の根底にある。ディアナは若い狩人アクタイオンを完全なる破滅に追いやったのだが、この話は、抑えつけられた心や肉体の欲望の象徴に、どんなに強い恐怖の一撃が潜んでいるかを表している。

図24 ディアナとアクタイオン
(大理石メトープ、古代ギリシア、シチリア、紀元前 460 年頃)

アクタイオンはこの危険な女神と、真昼時に出くわした。太陽が元気に力強く昇り、一瞬バランスをとって、そこから死へ力強く飛び込み始める運命の時である。アクタイオンは朝の狩りのあと、血に汚れた犬たちを引き連れて一休みしようと仲間から離れ、これといった目的もなく、いつもの狩場や森をはずれて、近くの森を探検しながら歩き回っていた。やがて、杉や松に深く覆われた谷を見つけ、好奇心にかられてその中に足を踏み入れた。そこには岩屋があり、穏やかにさらさらと湧く泉から水が流れ、やがて草深い池になっていた。この隠れ家のような場所はディアナがよく通う場所で、このときもちょうど、すっかり裸になってニンフたちと水浴びをしていた。狩りに使う槍や矢筒、緩めた弓は、サンダルや衣服と一緒に脇に置いてあった。裸のニンフの一人が、ディアナの巻き毛をまとめ上げて団子にし、他のニンフたちはたっぷり水が入った壺から水をかけていた。

そんな憩いの場に、若者がふらふらと闖入《ちんにゅう》し、恐怖に怯える女たちが悲鳴をあげて主人の周りを固め、罰当たりな目から主人を隠そうとした。しかしニンフたちの頭越しに頭と肩は見える。若者は見てしまった。そして目をそらそうとしなかった。女神は弓に目をやったが、手が届かない。そこですぐに手の届くところにあった水をアクタイオンの顔にかけ、怒って叫んだ。「さあ、言えるものなら言ってみなさい。女神の裸を見たと」

若者の頭に鹿の角が生えた。首は太く長くなり、耳はとがった。腕が長くなって脚になり、手も足も蹄になった。怖くなった若者は飛び跳ね、こんなに敏捷に動けるとは、と驚いた。しかし一息いれて休み、水を飲もうとして透き通った池に映った姿を見たとき、ぎょっとして後ずさった。

　そして恐ろしい運命がアクタイオンに襲いかかった。連れてきた犬たちが大型の鹿の匂いを嗅ぎつけ、吠えながら木立を駆けてきたのだ。アクタイオンはそれを聞いて嬉しく思い、一瞬立ち止まったが、自然と恐怖心が湧いて逃げ出した。犬たちは追いかけ、だんだん距離を詰めていく。ついに追いつかれ、先頭の犬が脇腹にとびかかってきたとき、アクタイオンは犬たちの名前を呼ぼうとした。ところが喉を通る声は人間の声ではなかった。犬たちは牙をたててアクタイオンを押さえつけた。アクタイオンが倒れたところへ狩りの仲間たちが犬をけしかけながらやってきて、情けの一撃を下した。ディアナは不思議な力でアクタイオンが逃げて死んだことを知り、ようやく気がすんだ[28]。

　神話に登場する「万物の母」の姿は、養い守る最初の存在という女性の属性を宇宙に求める。本来この幻想は自然に生まれる。母親に対する幼い子どもの態度と、周囲の物質世界に対する大人の態度の間には、密接で明らかな関連があるからだ[29]。しかし多くの宗教的伝統では、心を洗い清め、心のバランスを保ち、心にイニシエーションを施して目に見える世界の本質に向かう目的で、この元型イメージを意識的にコントロールし、教育的に利用しようとすることもあった。

　中世および近代のインドのタントラ経典によると、女神の住むところはマニ－ドゥヴィーパ「宝石の島」と呼ばれている。女神の寝椅子と玉座が、願いを叶える木立の中にあり、島の浜には金の砂が敷き詰められている。金の砂は、不死の酒でできた海の波に静かに洗われる。女神は命の炎に照らされて赤く、地球や太陽系、はるか遠くまで広がる銀河など、すべてが女神の子宮の中で膨らむ。この女神が世界の創造主で、永遠に母であり、永遠に処女である。包むものを包み、養うものを養う。生きとし生けるものすべての命なのである。

ヒンドゥー教の聖なる書（シャーストラ）は四種類ある。（一）シュルティ——神の直接的啓示で四種のヴェーダ（古代の詩篇）とウパニシャッド数種（古代の哲学書）がある。（二）スムリティ——正統な年代記による伝統的な教え、その土地の儀式の標準的手引書、世俗と宗教上の法について書かれた書、そしてヒンドゥー教の大叙事詩マハーバーラタもある。マハーバーラタにはバガヴァッド・ギータも収められている。（三）プラーナ——ヒンドゥー教の神話と年代記を著した優れた書。宇宙起源論や神学、天文学、物理学に関する知識を論じる。（四）タントラ——神を崇拝し超常能力を身につけるための技法と儀礼をまとめた書。タントラの中には、特に重要な経典（アーガマと呼ばれる）があり、万能の神シヴァと妻である女神——パールヴァティ——が直接啓示したと考えられている（したがってアーガマは「第五のヴェーダ」と位置付けられている）。これらの聖なる書は、とりわけ「タントラ」として知られる神秘的な伝統の土台になり、ヒンドゥー教や仏教の後年の図像学に、広範囲にわたって影響を及ぼした。タントラによる図像は、中世仏教によってインドからチベット、中国、日本に持ち込まれた。

図25　貪り食うカーリー（木彫り、ネパール、18～19世紀）

一方で女神は、死を免れないすべてのものの死でもある。存在するものの循環全体、誕生から青年期、成熟期、老年期、そして墓までが、女神の差配の中で完結する。女神は子宮であり墓であり、自分が産んだ子豚を食べる雌豚である。こうして女神は「良きもの」と「悪しきもの」を統合して、記憶の中の母親が持つ二つの顔を、単に個人的なものとしてではなく普遍的なものとしても見せる。女神を崇める者は、どちらの顔も同じように冷静に熟視することが求められる。冷静な熟視ができれば、精神は幼稚で不適切な感傷や憤りを一掃でき、禍か福かという幼稚な人間の都合で決める「良きもの」「悪しきもの」として存在するのではなく、存在の本質が持つ原理やイメージとして存在するこの計り知れない女神に、心を開くことになる。

一九世紀のヒンドゥー教の名宗教家ラーマクリシュナ（一八三六 - 一八八六）は、カルカッタ郊外のドッキンネッショルに新しく建立された、「宇宙の母」を祀る寺院の僧侶だった。この寺院に祀られたのは、宇宙の母の二つの側面――恐ろしい面と慈悲深い面――を同時に見せる神だった。四本の腕は宇宙的な力を示す。左上の手は血にまみれた剣を振り回し、左下の手は切り落とされた人間の頭の髪を握る。右上の手は「恐れるな」の形で上げられ、右下の手は恵みを授けるように前に差し出す。首飾りは人の頭をつなげたもので、スカートは人の腕を並べたものである。口からは血を舐めようと長い舌が出ている。宇宙の母は宇宙の力であり、万物の完全体であり、対立するものすべての調和であって、不思議なことに、絶対的な破壊力の怖さを、非人間的でありながら母のような安心感と組み合わせている。変化として、時の川や命の流動性として、女神は創造と保護と破壊を同時に行なう。その名はカーリー、「黒い神」、称号は「存在の海の渡し船」である。[30]

ある静かな午後のこと、ラーマクリシュナはひとりの美女がガンジス川から上がって、自分が瞑想をしている木立のほうにやってくるのを見た。今にも子どもを産み落としそうなのが見てとれた。赤ん坊が生まれると、女性は優しく乳をふくませた。ところがほどなくして恐ろしい顔になり、醜い口で赤ん坊をくわえ、嚙み砕き、食べたのである。そして呑み込むと再びガンジス川へ戻っていき、姿を消した。[31]

高度な悟りに達した非凡な者でなければ、この女神の崇高な行為をしっかり理解することはできないだろう。悟りを開いていない人間であれば、女神はその輝きを鈍らせ、相手の未熟な力に応じた形で姿を見せる。その姿を完全に見据えることは、精神的に準備のできていない人間にとっては恐ろしい災難である。牡鹿になった若く元気なアクタイオンの不幸な事件がいい例だ。アクタイオンは聖人ではなく、ただの狩人だった。強すぎたり弱すぎたりする普通の人間らしい（つまり子どもじみた）欲望や驚きや恐れを持たずに見なければならなかった姿の出現に、心の準備ができていなかったのである。

女性は、神話の図像言語では、認識できるものの総体を表す。英雄はそれを認識するようになる人間だ。英雄が人生という緩やかなイニシエーションを進むにしたがって、女神の姿は英雄に合わせて次々と変容する。英雄が理解できる以上のことを約束できるにもかかわらず、けっして英雄より大きな存在になり得ないのである。女神は誘惑し、導き、枷をはずせと命じる。そして英雄が女神の意図に沿うようになれば、認識する者とされる者の二人は、どんな制約からも自由になる。女性は感覚的な冒険の絶頂に導く案内人だ。見る者の眼力が劣っていれば、女性は本来の資質に劣る姿になり、無知という邪眼で見れば、陳腐で醜悪な状態に呪縛される。しかし理解の目で見れば、女性は救われる。激しく動揺することなく、求められる優しさと安心を示して女神をあるがままに見ることができる英雄は、潜在的に女神がつくった世界の人の姿をした神、王になる。

たとえば、アイルランドの王エオヒドの五人の息子の話がある。ある日、狩りに出かけた五人は道に迷い、右も左もわからなくなってしまった。喉が渇いたので、一人ずつ水を探しに出ることにした。最初はフォルグスだった――

井戸があった。ところが老婆が見張り番をしている。みすぼらしい老婆はこんな恰好をしていた。頭のてっぺんからつま先まで、体じゅうの節々が炭より黒く、野生の馬の尾のような灰色で針金のような髪の束が、頭の上のほうに突き刺さっている。首にひっかけた緑っぽい牙のような鎌は、耳に届くほど曲がり、実をたくさんつけたオークの緑豊かな枝を切り落とせる代物。目は煙がかかったように黒く濁り、鼻はねじれて小鼻が膨らみ、腹は皺としみだらけで、いかにも不健康そうだ。脛はねじれて湾曲し、大きなくるぶしと大きな鋤が両脚を飾っている。膝は瘤のようで、爪は土色をしていた。どこからどう見ても吐き気を催す姿だった。「そういうことか」とフォルグスが言うと、「そういうことだよ」と老婆が答えた。「井戸を守っているのか」「そうさ」「水を少し分けてもらえないだろうか」「いいとも。頬にキスしてくれたら、分けてあげよう」「いやだ」とフォルグスは答えた。「それでは、水をあげるわけにはいかない」するとフォルグスは「これが答えだ。キスするくらいなら、喉が渇いて死ぬほうがましだ！」と言って兄弟がいるところへ戻り、水が手に入らなかったと言った。

同じように、エリルもブライアンもフィアフラも水を探しに行って、やはり同じ井戸にたどり着いた。そして老婆に水をもらおうとしたが、キスはいやだった。

最後にニールが行き、その井戸にやってきた。

「おばさん、水をおくれよ」「あげてもいいよ、キスしてくれたら」ニールはこう答えた。「キスだけじゃなくて、抱きしめてあげる」そしてかがんで老婆に腕を回し、キスをした。約束を果たして老婆を見ると、世界中の誰よりも優雅な物腰で、万物のどんな姿よりも美しい娘になっていた。頭のてっぺんからつま先まで、どこをとっても峡谷に積もったばかりの雪にたとえられるほどで、腕はふくよかで女王のよう、指は長く細く、まっすぐな脚も愛らしい色をしていた。すべすべして柔らかい白い足と大地の間に白銅のサンダルをはき、最高級の純毛でできた真紅のマントをゆったりとまとい、銀白色の胸飾りをつけていた。そして歯は真珠のように輝き、堂々とした立派な目、ベリーのように真っ赤な唇をしていた。「魅惑の銀河のようだ。本当に」と若者は言った。そして「あなたは誰ですか？」と尋ねた。「私は『王の掟』です」そう答えると、女性は続けてこう口にした。

「タラの王さま、私は王の掟……」

「さあ、ご兄弟のところへお行きなさい、水を持って。それから、王国と権力は永久にあなたとご子孫のものです……。初めに私を見たときは、醜くてけだもののようで、それは不快だったことでしょう。でも今はきれいに見えます。王の掟もそのようなもの。闘わなければ、激しく葛藤しなければ、勝ち取れません。でも最後には、美しく立派に見えるものすべての王になるのです[32]」

それが王の掟だというのだろうか。むしろ、生《せい》そのものだ。涸れることのない井戸を守る女神は、井戸を見つけたのがフォルグスであろうがアクタイオンであろうが、「孤島の王子」であろうが、吟遊詩人《トルバドゥール》や宮廷詩人が「優しい心」と呼ぶものを持っていてほしい、と望む。アクタイオンの動物的欲望や、フォルグスのような高慢な嫌悪感では、女神だとわからず正しく応じることができない。女神のことがわかるのは優しさだけだ。一〇世紀から一二世紀の日本のロマンチックな宮廷詩（和歌）では、これをあはれ（優しく共感すること）といった。

優しい心の内に、愛は宿る、
鳥が木立の葉陰に宿るように。
優しい心に先んじて愛はなく、
愛に先んじて優しい心もない。それが自然の理。
太陽があれば、それすなわち
光が即座に放たれる。しかし
太陽がなければ、光は生まれない。
そして愛は自らの優しさに働きかける、
心の奥の火に強く炙《あぶ》られても。[33]

女神（どの女性の中にも具現化している）との出会いは、その英雄が、愛という恵み（慈愛、運命愛《アモル・ファティ》）を勝ち得るだけの器かどうかを確かめる最後の試験で、その愛こそ、永遠を包む容器として享受される命である。

この考え方によれば、冒険者が若い男でなく乙女の場合、その資質や美しさ、思慕の情によって、不滅のものの妻に適任とされる。そうして天から夫が降りてきて、女性が望もうと望むまいと関係なく寝所へ誘う。拒めば迷いから目が覚め、求めていたならば欲望が満たされる。

ヤマアラシを追いかけて伸びる木に登ったアラパホ族の娘は、天空の人々が住む場所に誘い出された。そこで天の若者の妻になった。超自然的我が家に娘をおびき出したのが、誘うように逃げるヤマアラシの姿になったその若者だった。

子ども部屋のおとぎ話に出てきた王の娘は、泉の冒険の翌日、城の扉をたたく音を聞いた。約束を守るように、とカエルが迫って来たのだ。王女はいやでたまらないのだが、カエルは王女のあとについてきて、王女の椅子で食卓につき、王女の小さな金の皿やカップで一緒に食事をし、絹のベッドで一緒に寝るとまで言い出した。ついに癇癪を起こした王女はカエルを床からつまみあげると、壁に投げつけた。すると床に落ちたカエルはカエルではなくなって、優しくきれいな目をした王子の姿になった。こうして二人は結婚して、美しい馬車に乗って王子を待っていた国に帰り、王さまとお妃さまになったという。

また、プシュケが困難な仕事をすっかりやり遂げてしまうと、ユピテルが手ずから不老不死の薬を飲ませたので、今では何不自由のない天国で愛するキューピッド（クピド）と永遠に結ばれている。

ギリシア正教とローマカトリックの教会では、聖母被昇天の祝祭で同じ神秘を祝う。

「聖母マリアは、王の中の王が星の輝く玉座におわす天の婚礼の間に導かれる」

「思慮深き聖母よ、どこへ行こうとも暁のように輝く聖母。美しく優しいシオンの娘よ、月のように清らかで太陽のように選ばれし娘よ(34)」

図26　開く聖母マリア（多色彩、木造、フランス、15世紀）

3　誘惑する女

世界の女王神との霊感による結婚は、英雄が完全に生を支配したことを表す。女は生で、英雄はそれを知り自由に操る者だからである。そして最終的な経験や行為の前に英雄が受ける試練の数々は、英雄の意識が拡大して、母を殺す者、つまり運命的に出会う花嫁を完全に自分のものにすることに耐えられるようになるかどうかの悟りの境目を表す。これをもって英雄は、自分と父が一体であること、父に代われたことを知る。

このように極端な言い方をすると、普通の人間の世界の出来事とはかけ離れているように聞こえるかもしれない。とはいえ、人生の状況にことごとくうまく対応できないのは、結局、意識を抑制しているからに違いない。争いや癇癪は、無知が為す当座しのぎの手段であり、後悔は遅すぎた啓蒙である。英雄の通過というどこにでもある神話には概して、男にも女にも、成長段階のどの位置にいるとしても、誰にでも通用するパターンとして役に立つ、という意義がある。したがって、できるだけ広い意味を持つ言葉で定式化している。一人ひとりがこの一般的な人間の公式を参考にして、自分がいる位置を発見し、自分を抑制している壁を抜けられるように助けてもらえばいい。自分にとっての人食い鬼は誰でどこにいるのか。

それは、その人のまだ解決していない人間性の謎を映し出すものである。自分の理念は何だろう。それは、生の把握を示す兆候である。

現代の精神分析医の診察室では、英雄の冒険がどの段階にあるのかが、ここでもまた患者の夢や幻覚の中で明らかになる。助ける役、イニシエーションの指導者役を演じる分析医とともに、自己についての無知の奥の奥まで、その深さを測る。そして冒険者はいつも、深淵に下りていき始めるときの最初の緊張感を経験してから、暗闇や恐怖、不快、次々に変化する恐れの旅に進んでいく。

この好奇心をそそる困難の問題点は、人生とはこうあるべしという私たちの意識的な見方が、実際の人生とはめったに一致しない、という事実にある。一般的に私たちは、自分たちまたは友人たちの中に、有機体の細胞のまさに本質である、精力的で自己防衛的な、悪臭を放つ肉食的で挑発的な興奮が充満しているとは認めたがらない。むしろ、芳香を漂わせ、体裁を繕い、言い訳をし、その一方で香油に落ちたハエもスープに入った髪の毛も、誰か他の不愉快な人間のせいだ、と考える傾向がある。

しかし、私たちが考え行動することのすべては必然的に肉体の臭気に汚されていると突然理解したり気づかされたりするときがあり、そうすると往々にして嫌悪感に襲われる。生きることが、生きる行為が、生きるための器官が、そして何よりも生きることの大きな象徴である女性が、純粋で純粋で純粋な魂には耐えがたいものになってしまうのである。

なんということだろう、このあまりに堅固な肉体が溶けて
分解して崩れて露になってしまえばいいのに！
神が聖なる掟を、自らを殺す者に
負わせていなければ！　ああ、神よ。

そして、この瞬間の偉大な代弁者ハムレットは叫ぶ。

退屈だ、面白くない、代わり映えしない、いいことがない。
この世の習わしの、何もかもがこう見える。
なんてことだ！　これでは草茫々の庭、
やがては実を結んでしまう。自然の中で茂った[35]ものが
庭を埋め尽くすだけ。こんなことになろうとは！

オイディプスは初めて女王を我がものにしたときには素直に喜ぶが、それが誰なのかわかって喜びは魂の苦悩に変わる。ハムレットのように、倫理観を思い出させる父の亡霊につきまとわれ、そしてハムレットのように、この世の美しいものから目を転じ、近親相姦と不義に興じて快楽を楽しむ困った母がいる現世の王国を捨てて、より高尚な王国を求めて闇の中を探す。生を超えて生き方を探す者は、母を超えなければならず、母の要求の誘惑に勝たね

ばならず、向こうに広がる曇りのない天空へ舞い上がらなければならない。

神が呼んだので、何度も何度も呼んだので
一度に四方八方から「おい、オイディプス、
オイディプスよ、なぜわれわれはとどまっているのだ。
もう十分、立ち止まっているではないか。さあ行こう！」(36)

このオイディプス的でハムレット的な嫌悪感が魂につきまとい続けると、そこでは現世や肉体、そして何よりも女が、勝利どころか敗北の象徴になる。すると修道士のように厳格で、世間を否定する倫理体系が、ただちに根本的に神話のイメージを変える。英雄はもはや肉体を持った女神と純潔な関係にはいられない。女神が罪を背負った女王に転じてしまうからだ。「死体のようなこの体に関心があるかぎり」とヒンドゥー教の僧侶シャンカラ・アーチャールヤは書いている。

人は不純で、出生や病や死に心を乱されるのと同じように、敵対する者に悩まされる。しかし己を純粋なものとして、善なるものや揺るぎないものの本質として考えるなら、人は解放される……。もともと生気なく汚れている身体という縛りを遠くへ捨てよ。身体のことは考えるな。吐き出されたものを（自分の体を吐き出すことになるのだが）ま

た思い出せば、ただ厭わしくなるだけなのだから。[37]
これは西洋でも、聖人の生涯や書を通じてなじみ深い考え方だ。

聖ペトロは、娘のペトロネラが美しすぎると思っていたところ、娘が熱病にかかるという恩恵を神から授かった。ある日、ペトロの弟子たちがそばにいるとき、ティトスがペトロに言った。「ペトロさまはどんな病気でも治せるのに、どうしてペトロネラが起き上がれるようにしてあげないのですか？」ペトロはこう答えた。「このままの状態に満足しているからだ」娘を治す力がないと言っているわけではなかった。ペトロはすぐに娘にこう言った。「ペトロネラ、起きなさい。急いで食事を出しなさい」すると娘は病気が治って起き上がり、食事を出した。しかし用事が済むと父は娘にこう言った。「ペトロネラ、ベッドに戻りなさい」娘はベッドに入り、そのとたん、また熱が出た。のちに、娘の神への愛に曇りがなくなったとわかると、父親は娘の健康をすっかり回復させた。

このとき、フラックスという気高い紳士がペトロネラの美しさに心打たれて、結婚を申し込みに来た。「私との結婚をお望みなら、若い娘たちをよこしてください。あなたの家に案内してもらいます」ところが若い娘たちが来ると、ペトロネラはすぐに断食と祈禱を始めた。そして霊的交流を得ると、ベッドに横になって、三日の後、神に魂を捧げた[38]。

　クレルヴォーの聖ベルナルドゥスは子どもの頃、頭痛に悩まされていた。ある日若い女がやってきて、歌を歌って苦しみを和らげようとした。けれどベルナルドゥスは怒ってその人を部屋から追い出した。すると神が少年の強い気持ちに報いた。少年はすぐにベッドから起きて、病が治った。

　さて、昔からの人間の敵は、小さなベルナルドゥスが健全な気質の人間になるだろうと思い、なんとかしてその貞節に罠をしかけようとした。ある日、ベルナルドゥスは悪魔にそそのかされて女の人をしばらくじっと見てしまった。しかし急に顔を真っ赤にして、悔い改めようとして氷のように冷たい水に飛び込み、骨が凍るまで水の中にいた。また、眠っていたら、若い女が裸になってベッドに潜りこんできたこともあった。ベルナルドゥスはそれに気づくと、何も言わずに寝ていた場所を明け渡して、ベッドの端まで寝返りを打って離れ、再び眠りについた。かわいそうな女はしばらくベルナルドゥスを撫でたり抱きしめたりしていたが、やがて恥知らずだった自分に恥ずかしくなり、自己嫌悪にかられ、若者に感心しつつ起き上がって逃げて行った。

　それからもうひとつ、ある裕福な女性の家で、友だちと一緒にもてなしを受けたことがあった。そのとき女主人がベルナルドゥスの美しさを見て、一緒に寝たいという衝動に駆られた。そこで夜中に寝室を出ると、客人の部屋に行ってベッドに潜りこんだ。しかし、誰かが横にいると思った瞬間、ベルナルドゥスが叫んだ。「どろぼう！　どろぼう！」その声に女主人はあわてて走り去り、家じゅうが起きて明かりを灯し、どろぼうを探し始めた。しかしどろぼうは見つからなかったので、みんなは寝室に戻って眠った。ただ女主人は違った。目を閉じることができず、再び起き上がって客人のベッドに潜りこんだ。ベルナルドゥスが「どろぼう！」と叫んだ。そうしてまた家じゅうが起きて大捜索に！　そのあと女主人は三度目の挑戦をするものの、同じようにはねつけられた。そして、ついに怖くなったのか無理だと思ったのか、女主人は邪《よこしま》な計画をあきらめた。翌日、帰り道にベルナルドゥスの友だちが、どうしてどろぼうの夢を何度も見たのか、と聞いてきた。するとベルナルドゥスは、「本当にどろぼうを撃退しなければならなかったんだよ。あの女主人がぼくの宝物を盗もうとしたから。なくしたら二度と手に入らない宝物だよ」

　こういう事件の数々を経験したベルナルドゥスは、蛇と一緒に暮らすのはきわめて危険なことだと悟った。そこで隠遁して、シトー修道会で修道士としての暮らしを始めることにした[39]。

　しかし修道院の壁も、荒地の隔絶した場所も、女の出現を妨げるとは限らない。修道士の肉が骨についている以上、温かく脈を打っている以上、生の化身は、いつでも心を惑わしてやろうと手ぐすね引いて待っているからである。聖アントニウスはエジプトのテーベで禁欲の修行をしていたとき、彼の独り住まいに魅力を感じた女の悪魔たちが官能的な幻覚をしかけてきて、それに悩まされた。抗しがたい魅力の腰、触れてくれとばかりにつきだした胸を持つこの種の幻影は、物語に出てくる修道士の集まる場所ではおなじみである。「ああ、うるわしの隠者さま！　隠者さま！……あなたの指がわたしの肩に触れたら、きっとあなたの血がわきたつでしょう。わたしの身体のほんの一部でもご自分のものにすれば、帝国をまるごと征服するよりも喜びに満たされるでしょう。さあ、唇をこちらに……」(40)＊

ニューイングランドのコットン・マザーはこう書いている。

約束の地へ向かう途中に通る「荒地」は、火を噴く空飛ぶ蛇にあふれている。しかし神の祝福があったので、空飛ぶ蛇はそれ以来、私たちをすっかり困らせるほどには狙わなくなった。天国への道は「獅子の歯」と「豹の山」の脇にある。途中には途方もない悪魔の大群もいる……。私たちは、悪魔の原野であり悪魔の「監獄」でもあるこの世界においては、頼りない小さな旅人である。この世界では、どんな辺鄙なところでも、悪魔が盗賊たちと野営し、シオンの方角に向く人々を悩ませる。(41)

＊　この悪魔はシバの女王の霊。「なんて美しい修道士さま。実に美しい。……私の体に指を添えてみれば、体じゅうの血管に火が走るでしょう。ほんの少しでも私の身体を手に入れてごらんなさい。一国を征服するよりも激しい喜びに満たされるでしょう。唇をよせてごらんなさい……――Ed.」

4　父親との一体化

「神の怒りという弓がしなり、矢が弦につがえられる。正義の神が矢をあなたの心臓に向け、弓をひく。矢があなたの血に酔いしれるのを一瞬待たせるのは、約束も義理もまったくない、神の意志《みこころ》、怒れる神の意志でしかない……」

ジョナサン・エドワーズ（カルヴァン主義の神学者）はこういう言葉で、ニューイングランドの会衆の心を怯えさせた。苦悩の消えない人々に、父親が持つ人食い鬼の一面を露わに見せたのである。エドワーズは神話的試練のイメージを示して、会衆を座席に縛りつけた。清教徒は偶像を禁じているが、あえて言葉の偶像を使ったのである。「怒りは」とジョナサン・エドワーズは声を張り上げた。

「神の怒りとは、一時的にせき止められた大きな川の流れのようなものである。出口が与えられるまで、どんどん膨れ上がり、どんどん高く盛り上がっていく。流れがせき止められている時間が長ければ長いほど、放水されたとき、流れる速さも勢いも速く強くなる。なるほど、あなた方の邪な行ないに対する神の裁きは、まだ行なわれていない。

神の報復という洪水は、まだ抑えられている。しかしあなた方の罪はその間にも刻々と増え続け、神の怒りを毎日溜め込んでいくのだ。水も刻々と盛り上がっていき、その力をますます強めていく。不本意に止められて流れ出ようと押してくる水を止めるのは、神の意志だけだ。神が水門から手をはずすようなことがあれば、門は即座に開き、神の怒りの激しさが恐ろしい洪水となって、想像を絶する怒りとともに噴き出し、全能の力を伴ってあなた方に襲いかかるだろう。たとえ今のあなた方の力の一万倍もの力があなた方にあったとしても、地獄の強大な悪魔の力の一万倍もの力を持っていたとしても、抑えることも耐えることもできまい……」

水のたとえで脅かしたあと、ジョナサン牧師は話を火のイメージに転じる。

「クモのようないやな虫を火にあぶるのと同じように、あなた方を地獄の穴の真上につまみ出した神は不快感を隠さず、激しく怒る。あなた方に向けられる神の怒りは炎のように燃え上がる。火にくべる以外何の価値もない、と神は思っている。神は清純な目をしているので、あなた方を見るに堪えないのだ。毒を吐き散らす憎悪すべき蛇は、私たちの目には忌わしきものと映るが、私たちは神の目にはそれの一万倍も忌わしく映っている。手ごわい反逆者が領主を怒らせる以上に無限に、あなた方は神の不興を買った。それでもあなた方を火に落とさないでずっとつまんだままでいるのは、ほかでもない神

図27　天地創造（部分、フレスコ画、イタリア、1508～1512年）

の手なのだ……。

罪深き者たちよ。……あなた方は細い糸で吊り下げられている。周りでは神の怒りが炎になって燃え盛り、今にも糸を焦がして焼き切ってしまいそうだ。あなた方には神との橋渡しをするキリストへの関心がなく、自分を救うためにつかまるものがない。そして怒りの炎を防ぐものもなく、自分自身を持たず、自分で何かを行なったこともなく、自分でできることもない。一瞬でも神に許す気になってもらうものはないのだ……」

しかしついに、第二の誕生という解決に向けた大事なイメージが語られる。ただし一瞬だけである。

こうして、「神」の聖霊の強い力があ

なた方の魂に働いてできる偉大なる回心を経験しなかったのは、あなた方である。生まれ変わらず、そして新しく神に創造されず、罪を犯して死んだところから生き返って新しい姿にならなかったのは、あなた方だ。そしてまったく経験したことのない光と人生を前にしても（多くの点ですでに人生を改め、敬虔な感情を受け入れ、家庭でも祈りの部屋や教会堂でも一つの信仰を保ち、それに厳格であっても）、あなた方はこうして怒れる神の手の中にいる。この瞬間、永遠の破壊に呑み込まれることなくいられるのは、神の意志にすぎないのである。(42)

罪深い者を矢や洪水や炎から守る「神の意志にすぎないもの」は、昔から使われているキリスト教の用語では、神の「憐れみ」である。回心をうながす「神の聖霊の強い力」は、神の「恩寵」のことである。たいていの神話では、憐れみと恩寵のイメージは、正義と怒りのイメージと同じように生き生きと描かれる。その結果、双方のバランスがとれ、心をずっと苦しませるというよりも、むしろ奮い立たせる。シヴァ神は、信者の前で世界の破滅の踊りを踊りながら、「恐れるな！」と手で示す。「恐れるな。すべての人は神の中で安息を得る。来ては去る形あるもの――あなたの肉体はそのひとつにすぎない――は、私の手足が発する閃光にすぎない。万物の中の私を認識せよ。さすれば、何をそんなに恐れることがあろうか」イエス・キリストの受難やブッダの瞑想があるからこその秘跡の呪文、原始的な魔除けや護符が発揮する保護の力、世界の神話やおとぎ話に登場して英雄を助ける自然を超えた存在、それらは、矢や炎や洪水は見かけほど残酷なものではないことを保証している。

それは、父親の中にある人食い鬼の一面が、犠牲者自身の自我を映しているからである。人食い鬼の一面は、過去に置いてきたのに未来に投影される子どもの頃の感覚的な場面に由来する。そのような教育的に無意味な固着した偶像崇拝は、それ自体が人を罪の意識に浸らせる欠点であり、父親の、そして世の中のバランスよく現実的な考え方から、潜在的には成熟している精神を封印してしまう。父親と一体化するというのは、自己から発生した一対の怪物――神（超自我*）と考えられる龍と、罪（抑圧された本能的衝動であるイド）と考えられる龍――を放棄することに他ならない。しかしこれには、自我そのものへの執着をやめる必要がある。これが難しいところである。父親は慈悲深いという信念を持ち、その慈悲を頼らなければならない。そうすれば、信念の中心は悩ましい神のうろこ状の窮屈な輪の外に移り、恐ろしい人食い鬼は溶けていくのである。

シヴァ神が雄弁に語る踊りの意味は、アナンダ・K・クーマラスワミー[43]とハインリッヒ・ツィマー[44]が次のように説明している。伸ばした右手は太鼓を持ち、そのリズムは創造の第一の素因である時のリズムである。伸ばした左手は炎を持つ。炎は創造された世界を破壊する。右の二番目の手は「恐れるな」の形で、左の二番目は上げた左足を指して、「ゾウ」を象徴する位置にある（ゾウとは、「ジャングルという世界を切り開くもの」、すなわち聖なる案内人である）。右足は「知らぬ者」という名の悪鬼の背中に乗り、魂が神から物質界に移っていくことを表す。その一方で左足は上げられ、魂の解放を表している。つまり左足は「ゾウの手」が指し示す足で、「恐れるな」という安心の根拠になる。シヴァ神の頭は、動く腕や右足のかかとがゆっくり打ち鳴らすリズムで表す創造と破壊のダイナミズムの、ちょうど真ん中に位置して、平静で動かない。これは、中心は静止しているという意味である。シヴァ神の右のイヤリングは男物、左は女物で、対になるものを内包し超越することを表す。顔の表情は悲しそうでも楽しそうでもない。しかし世界の至福と苦悩を超越しつついまだ内包する「不動の動者」の顔である。荒々しく流れる頭髪は、インドのヨーガ行者の乱れて長い髪であり、生の踊りでは風になびいている。人生の喜びや悲しみの中にある姿と隠遁して瞑想しているときに見られる姿は、どちらも同じで普遍的で二元的ではない「存在・意識・至福」（*sat-cit-ananda*）の二つの様相にすぎないからだ。シヴァ神の腕輪、腕章、足輪、バラモンの聖紐[45]は生きている蛇である。これは神の神秘的な創造エネルギーである蛇の力によって美しく見せていることを表す。蛇の力は、神があらゆる存在になりながら宇宙の中に、そして宇宙として自ら姿を現すときの、質量因と形相因である。シヴァ神の髪の中には、死のシンボルで破壊の神を表す飾りを額につけた頭蓋骨と、この世への別の贈り物である誕生と増殖を表す三日月が見える。またダチュラの花も髪の中にある。この花からは麻酔薬がとれる（デ

＊　または「内なる自我」（125頁、脚注参照）

イオニュソスの葡萄酒、ミサの葡萄酒と比較せよ）。髪の中には、女神ガンジスの小さな像も隠れている。天から降りてきた聖なる女神ガンジスの衝撃を頭で受け止めて、人間の身体的精神的憩いのために、生と救済を授ける水が地上に優しく流れていくようにしたのが、シヴァ神だからである。神の踊りのポーズは、意識の四態とそれを経験する領域を言葉にした象徴的な言葉AUM（ओम または ॐ）としてとらえてもよいだろう。（Aは覚醒時の意識、Uは夢を見ているときの意識、Mは夢を見ない眠り、そしてAUMを囲む沈黙は「姿を見せない超越者」である）[46] こうしてシヴァ神は、崇拝する人の心の中にも外にも存在するのである。

こういう像は偶像の役目と価値を示し、偶像を崇拝する人たちに長い説教がいらない理由を示している。拝みに来た人たちは、深い静寂の中、自分の時間に合わせて、神の形をしたものが伝えようとすることに浸ることができる。さらに神が腕輪や足輪を身につけるように、参拝者もそういうものを身につけることができる。こうした小物は神の小物と同じ意味を持ち、蛇ではなく金で作られている。金（腐食しない金属）は不死の象徴である。不死は神の神秘的な創造エネルギーであり、肉体の美を表す。

ほかにも、生や地方の慣習についての多くの細々としたことを、擬人化された偶像の細部に同じように飾り、説明し、それを誰もが受け入れている。こうして生活全体が瞑想を助ける。人はいつでも沈黙の説教の中に生きているのである。

図28　シヴァ神、宇宙の踊りの神（青銅鋳物、インド、10～12世紀頃）

この厳しい試練の中でこそ、英雄は、助けてくれる女性から希望と安心を得られる。女性から授かった魔法によって（花粉の魔法やとりなしの力）、父親が施す自我を砕くイニシエーションという、身も震える経験の間ずっと守られるのである。恐ろしい父親の顔を信頼することができないなら、他のもの（蜘蛛ばあさんや聖母）に信頼を寄せるしかない。そうして頼ることで、人は危機を耐えることができる。結局、父親と母親は互いを映す存在で、根本は同じだとわかるのである。

ナヴァホ族の「双子の軍神」は、もらったアドバイスとお守りを持って蜘蛛ばあさんと別れると、旅人を潰してしまう岩の間を抜け、旅人を切り刻む葦と旅人を引き裂く柱サボテンの地を通り抜け、旅人を呑み込む煮えたぎる砂の地を越えて、ようやく二人の父親である太陽神の家に着いた。入り口のドアは二匹の熊が守っていた。熊は立ち上がって唸った。しかし蜘蛛ばあさんが教えてくれた呪文で、熊は腰を下ろした。熊の次は二匹の蛇、その次は風、そして稲妻が襲ってきた。究極の境界の守りである。* しかしどれも呪文の言葉で、簡単におとなしくなった。

トルコ石でできた太陽神の家は、巨大な四角い建物で、大海の岸に立っていた。双子が中に入ると、西に女性が一人、南に美形の若者が二人、北に美しい娘が二人見えた。娘たちは何も言わずに立ち上がり、入ってきた双子を四つの空の衣で包んで棚に置いた。双子は黙って置かれるままでいた。そのときドアにかかったベルがガラガラと四回鳴って、娘の一人がこう言った。「お父さまが帰ってきた」

太陽を背負った男が大股で入ってくると、背中の太陽をおろし、西の壁のフックにかけた。太陽は「トゥラ、トゥラ、トゥラ、トゥラ」としばらく揺れていた。男が、年配の女性のほうを振り向き、怒った声で聞いた。「きょう、ここに入ってきた二人は誰だ」しかし女性は答えない。若者たちは互いに目配せしている。太陽の男が怒りながら同じ質問を四回繰り返したとき、ようやく女性が答えた。「あまり言わないほうがいいのではありませんか。二人の若者が今日、ここにやってきました。父親を探しているそうですよ。あなた、言いましたよね、出かけている間はどこの家にも行かないと。わたし以外の女性とは会っていない、と。では、あの子たちは誰の子ですか?」そう言って棚に乗っている包みを指さした。子どもたちは意味ありげに互いに笑みを交わした。

太陽の男が棚から包みを取って、四枚の衣（夜明けの衣、青い空の衣、夕方の黄色い衣、闇の衣）をはずすと、双子が床にころげ落ちた。男はすぐに双子をつかんだ。そして東の壁から突き出ている、白い貝殻でできた大きく鋭い杭をめがけて、すごい勢いで二人を投げつけた。双子は命の羽をしっかり握って、無事に跳ね返った。今度は南のトルコ石でできた杭に、次に西のアワビでできた杭に、そして北の黒い岩でできた杭に、男は双子を投げつけた。そのたびに二人はやはり命の羽をしっかり握って、無事に跳ね返った。「本当かもしれないな、これが私の息子たちだというのは」と太陽神は言った。

＊　イナンナが越えたさまざまな境界と比較しよう。（156～161頁参照）

方角を表す四つの象徴的な色が、ナヴァホ族の図像と儀式では重要な役割を果たす。それは白、青、黄、黒で、それぞれ東、南、西、北を表す。これは、アフリカのトリックスター的な神エシュの帽子の色、赤、白、緑、黒に相当する（76〜77頁参照）。「父親の家」は、「父親」自身と同じで、中央を表す。

「双子の英雄」は、四つの方角を表すものに投げ飛ばされて試されている。いずれかの方角に欠点や弱みを持っているかどうかを見るためである。

恐ろしい父親は次に、高温の蒸し風呂に双子を入れて、死ぬかどうか試した。二人は風に助けられた。蒸し風呂の中に身を隠すところを作ってくれたのである。「よし、二人は私の子だ」双子が出てくると、太陽神は言った。しかしこれは策略で、まだ二人を試すつもりだった。最後の試練は毒を詰めた煙管だった。すると棘だらけの毛虫がそれを双子に教えて、口に入れるようにと何かをくれた。二人は具合が悪くなることもなく煙草を吸い、二人で代わる代わる最後まで吸った。おいしい煙草だとまで言った。太陽神は鼻が高かった。すっかり満足した。「さて、息子たちよ。私に何をしてほしい？　なぜ私を探しに来たのだ？」こうして「双子の英雄」は父である太陽神から、完璧な信用を得たのだった。[47]

徹底的に試された者だけを自分の家に受け入れる父親の側にも、十分な注意が必要だ。その様子はギリシア人の有名な話に描かれる、少年パエトンの不幸な英雄物語に示されている。エチオピアの処女の母から生まれ、友だちにからかわれて父親への疑問を解こうとしたパエトンは、ペルシアとインドを越えて太陽神の館を探す旅に出た。父親は太陽の馬車を御する神ポエブスだ、と母が話したからである。

「太陽神の宮殿は、そびえたつ柱の上にあった。炎のように光る黄金や青銅の輝きでまぶしく光っている。きらりと光る象牙が上のほうの破風を飾り、二重折り戸は、銀の光沢を放つ。そして職人の技は素材以上にすばらしかった」

急峻な道を上って、パエトンは宮殿の屋根を見上げるところまでやってきた。見るとポエブスがエメラルドの玉座に座り、時刻と季節の神々、日と月と年と世紀の神々に囲まれていた。普通の人間の目にはまぶしすぎて、大胆な若者も敷居の手前で立ち止まらなければならなかった。しかし父親は、ホールの向こうから少年に優しく声をかけた。

「どうしてここへ来たのだ？　パエトンよ、何を探している？　息子を認めない父親などいないのに」

少年は恭しく答えた。「父上さま（こう呼ばせていただけるのでしたら）！　ポエブスさま！　全世界を照らす光の神よ。どうぞ証をお与えください。ぼくが息子であると、誰もが納得する証を」

偉大なる神は輝く王冠を脇に置いて、近くへ来るよう少年に言った。そして腕に抱き、望む証を与えよう、と必ず守らなければならない誓いを立てた。

パエトンが望んだものは父の馬車であり、翼のある馬を一日駆る権利だった。

「そういう願いとは、早まった約束をしてしまった」父はそう言うと少年を少し遠ざけ、思いとどまらせようとした。「お前は無知ゆえに、神々に許される以上のことを望んでいる。神々はみな、したいと思うことをしてかまわない。しかし誰も、私以外の誰も、火の馬車に乗る力は持っていない。ゼウスでもだめだ」

ポエブスは説得した。パエトンはどうしても譲らない。父は誓いを破ることができないので、時間が許すかぎり先延ばしをしていたが、とうとう頑固な息子を荘厳な馬車まで連れて行かざるを得なくなった。黄金の車軸に黄金の長柄《ながえ》、黄金の輪金と銀の輻《や》の車輪で輝く驚異の馬車である。軛《くびき》には貴橄欖石《きかんらんせき》や宝石がちりばめられている。時刻の神々はすでに、神々の食べ物で腹を満たした火を吹く四頭の馬を天の厩舎から引き出していた。そしてガチャガチャ音をたてて馬勒をつけた。馬たちは横木の前で蹄を鳴らした。ポエブスは、パエトンの顔に炎から守る軟膏を塗り、頭に光り輝く王冠を載せた。

「少なくとも父の戒めが守れるならば」神は言い聞かせた。

ムチはなるべく使わず、手綱をしっかり握りなさい。馬は十分速く自分で走れる。天の五つの区域を直接通る道には進まず、分岐点で左へ曲がりなさい。私が通った車輪の跡がよく見えるだろう。それから天と地と、どちらも同じ熱さになるよう、飛ぶところは高すぎないよう低すぎないように、気をつけなさい。高すぎれば空を焼き、低すぎれば地に火がつく。真ん中が一番安全だ。

急いでくれ。話をしている間に、露に濡れた夜の神が、仕事を終えて西の岸に着いてしまった。呼ばれているぞ。ほら、空が明るくなってきた。息子よ、お前が自分でできる以上に、幸運の神がお前を助け導くように。さあ、手綱を握れ。

海の女神テテュスが横木を下ろすと、馬たちは驚いて、いきなり飛び出した。足で雲を蹴り、翼で大気をたたき、同じ東から起きる風よりも速く走る。すぐに、いつもの重さではなく軽かったからか、まるで底荷《バラスト》がないために波に翻弄されて上下に激しく揺れる船のように、馬車が揺れ始めた。操る少年はパニックに襲われて手綱のことを忘れ、どこを走っているのかもわからなくなった。馬と馬車はでたらめに上昇して、天頂をかすめ、遠くの星座を驚かせた。大熊座と小熊座が焦げた。北極の星々の周りでとぐろをまいていた蛇座はしだいに暖まって、やがて熱さとともに凶暴になった。牛飼い座は鋤を背負って逃げ出した。さそり座は尾を振り回して襲ってきた。

馬車は天空のよくわからない区域をしばらく暴走し、星々にぶつかって、今度は地上すれすれの雲に向かって狂ったように急降下した。月は驚いて、兄の馬たちが自分の馬の下を走っていくのを見ていた。雲が蒸発した。地上が炎に包まれた。山々が燃え、都市は城壁とともに滅び、国々は灰になった。このとき、エチオピアの人々の肌は黒くなった。熱さのために、血液が体の表面近くまで上がってきたからだ。リビアは砂漠になった。ナイル川が怖がって地の果てまで逃げ、頭を隠した。今もまだ隠れている。

母なる大地は焦げてしまった眉を手で隠し、熱い煙にむせながら大声を上げ、万物の父ユピテルに世界を救ってほしい、と助けを求めた。「見てください！　天空は端から端まで煙だらけです。ユピテルさま、海がなくなったら、陸も、空の王国も全部なくなってしまったら、そうしたら、最初の混沌にまた逆戻りです。考えてください！　この宇宙を守るために考えてください。まだ無事なものを炎から守ってください！」

全能の父ユピテルは急いで神々を召集し、何らかの手立てを速やかに講じないとすべてが失われることを示した。それからすぐに天頂に向かい、右手に稲妻を取り、それを耳の脇から投げつけた。馬車は粉々になり、馬は驚いて逃げ出した。パエトンは髪に火が移って、流れ星のように落ちた。そしてポー川がパエトンの燃える体を受け止めた。

その地に棲む水の精ナイアスは、パエトンの遺骸を墓に納めて、こう記した。

ここにパエトンは眠る。ポエブスの馬車に乗って走ったパエトン。
大いなる過ちを犯すも、大いなる冒険に挑戦した。(48)

この甘い親の話は、きちんとイニシエーションを受けずに人生の役割を与えられると、思いがけず混沌を引き起こす、という古くからの考え方を表している。子どもが成長して母の

図29　パエトンの墜落（インク、羊皮紙、イタリア、1533 年）

胸というよくある田園詩から離れ、大人に限定された行為の世界と向き合うようになると、子どもは精神的に父親の領域に入っていく。父親は、息子にとっては将来の務めの印になり、娘にとっては未来の夫の印になる。父親は、意識していてもいなくても、社会でどのような立場にあっても、若い者たちがより大きな世界に入っていくときにイニシエーションを授ける指導者なのである。そしてそれ以前は母親が「良きもの」と「悪しきもの」を表していたように、今度は父親がそうなる。ただし複雑な事態が起きてしまう。この図式にライバル関係という新しい要素が現れ、息子は宇宙の支配をめぐって父親に挑み、娘は支配された世界そのものになろうと、母親に挑むのである。

伝統的なイニシエーションの考え方は、若者に仕事の技術や職務、特権を教えることと、親のイメージに対する感情的な関係を合理的に見直すことを結び付けている。秘義を伝授する者（父親または父親の代理）は、不適当で幼稚な充当《カセクシス》をすっかり取り払った息子にだけ、仕事の象徴を託すことになる。そういう息子なら、自己強化や個人の好み、または憤りという無意識な（意識的で合理的な場合もあるが）動機のせいで、正しく客観的に力を行使することが不可能になる、ということはない。理念的には、託された者は単なる人間性を取り払われ、人格のない宇宙的な力を表すことになる。つまり、「二度生まれた」。自分で父親になったのである。その結果、今度はイニシエーションを授ける人間や、案内人や太陽の扉といった役目を負う資格を持つようになる。そしてそれを通じて人は、幼稚な「良きもの」「悪しきもの」という幻想から脱して宇宙的な法則の権威を経験し、希望や恐れを取り去って、本質の現れを理解した心穏やかな状態になれるのである。

「前に、こんな夢を見た」ある少年の話である。「大砲の玉につかまったの。玉がみんな飛び跳ねたり大声を出したりし始めた。でもびっくりしたよ、ぼくは自分の部屋にいたんだ。部屋には火があって、やかんがその上にあって、いっぱいにお湯が沸いていた。玉がぼくをやかんの中に投げ込んで、ときどきコックさんが来て、ぼくが煮えたかどうかフォークでつつくんだ。そうしてぼくを取り出して、料理長に渡した。料理長がぼくに食いつこうとしたとき、ぼくは目が覚めたんだよ(49)」

「私は夢の中で、妻と食事の席にいました」都会的な紳士はこう語る。

コース料理の最中に、私は二番目の子、赤ん坊ですが、子どもを手に取ると、当たり前のことのように、熱湯だか熱い飲み物だか、何かがたっぷり入っている緑のスープ皿に入れようとしました。まるでチキンのフリカッセのようにしっかり調理されて出されたからです。

私は、テーブルの上にあるパン切りボードにこの珍味をのせ、ナイフで切り分けました。二人で全部食べましたが、鳥の砂嚢のような小さな一切れだけ残りました。私は心配になって妻を見上げ、聞きました。「本当に、こうしてほしかったのかい？　あの子を食べるつもりだったのかい？」

妻はいつものしかめ面をして、「とてもよく調理されていたから、ほかにすることは

なかったわ」最後の一切れを食べようとしたとき、目が覚めました。(50)

人食い鬼のような父親の元型的悪夢は、原始的なイニシエーションの試練の中で現実に起きる。オーストラリアのムルンギン族の少年たちは、すでに述べたように、はじめは怖がって母親のもとに逃げるように仕向けられる。父なる大蛇が少年たちの包皮を欲しがっているのだ。* そのため、女性が守護者の役を果たす。そしてユルングルと呼ばれる大きな角笛が吹かれる。その音は住処から出てきた父なる大蛇の呼び声と考えられている。大人の男たちが少年のそばに来ると、女たちが槍を突き上げて闘う素振りをし、嘆き悲しんで泣くふりもする。子どもたちが連れて行かれ、「食べられて」しまうからだ。男たちの三角形の踊りの場は、父なる大蛇の身体である。ここで少年たちは幾晩も、さまざまなトーテムの先祖を表す踊りをたくさん見せられ、この世の既存の秩序を説明する神話を教えられる。また、近隣や遠くにいる一族を訪ねる長旅に出されることもある。男根崇拝の先祖が神話で放浪したことを真似たものである。(51) こうして子どもたちは、まるで父なる大蛇の「中に」いるかのように、母親を失ったことを埋め合わせる面白くて新しい客観世界に導かれる。こうして女性の胸に代わって男根が、想像の中心点（世界軸《アクシス・ムンディ》）になる。

長く続く儀式の最後の教えは、少年自身の英雄たる陰茎を包皮の保護から解放することだ。割礼を執り行なう者の恐ろしくて苦痛を伴う攻撃が行なわれるのである。

「父親［割礼を執り行なう者のこと］は、子どもを母親から引き離す者である」とローハイム博士は書いている。「少年から切り離されるのは実は母親で……。包皮に包まれた亀頭は、母の中の子である(52)」

ユダヤ教やイスラム教の儀式の中に、割礼の儀式が今日まで残っている、というのは興味深いが、どちらも厳格な一神教である公式の神話から、女性に関する要素はご丁寧にも一掃されている。「他の神々と結び付ける罪をアッラーは許さない」とコーランにある。「異教徒たちは、アッラーを忘れて、なんと女の神を拝んでいる(53)」

たとえばアランタ族の間では、こうした過去との決定的な決裂の瞬間が訪れたとき、四方八方から牛の唸り声が聞こえる。それは夜で、かがり火が異様な光を放つ中を突然、割礼を執り行なう者と助手が姿を見せる。

牛の唸り声は儀式を執り行なう偉大なる悪鬼の声であり、現れた二人は悪鬼の化身である。二人は髭を口に押し込んで怒りを表し、脚を大きく広げ、腕を前に伸ばして、微動だにせず立っている。実際に施術を行なう者が前に立ち、その右手には施術用の小さな石のナイフが

＊　26頁参照。

握られている。助手は施術者のすぐ後ろに迫るようにして立ち、二人の身体は互いに接している。やがて一人の男がかがり火の光の中に現れ、頭に盾をのせてバランスをとり、それと同時に両手の親指と人差し指で音を鳴らしながら近づく。牛の唸り声はとてつもなくうるさく、離れた野営地の女や子どもにも聞こえるくらいである。頭に盾をのせた男が施術者の前で一瞬片膝を立てた。そのとたん、少年がひとり、親族の大勢の男たちによって地面から抱え上げられた。男たちは少年を足を先にして運び、盾の上に寝かせる。その間、男たち全員が低く大きな声で歌を響かせる。施術は手早く済まされ、恐ろしい姿の者たちは明るい場所からすぐに去り、まだいくぶん放心状態の少年は、男たちに付き添われ祝ってもらっている。男たちと同じ身分になったからだ。「よくやった。泣かなかったよな」[54]

オーストラリアの先住民の神話によると、最初のイニシエーションの儀式は、若者を全員殺すような形で行なわれたという[55]。したがってこの儀式は、年長の世代のオイディプス的な攻撃を何よりもドラマチックに表すものであり、割礼は苦痛を和らげた去勢なのである[56]。しかしこれらの儀式は、伸び盛りの若い男たちが持つ、人食いや父殺しの衝動に備えるものでもあり、同時に、元型的な父親にある、恵み深い自己犠牲の面も表している。長く続く象徴的な指導の間に、イニシエーションを受ける者が年長者の流した血を飲んで生きざるを得ないときもあるからだ。こういう話を聞いている――。

先住民は、特にキリスト教の交わりの儀礼に興味を持つ。宣教師から話を聞いて、自分たち部族の血を飲む儀礼と比べるのである。[57]

夜分、男たちがやってきて、部族の席次にしたがって座る。少年が父親の腿に頭を乗せて横になっている。少年は動いてはいけない。動けば死んでしまう。父親が手で息子の目隠しをした。もし少年がこれから起こることを見てしまったら、父も母も死んでしまうからだ。木または樹皮でできた桶が、母親の兄弟の一人の脇に置いてある。その人は自分の腕を軽く縛り、鼻に通していた骨で表皮を切って桶の上に腕をかかげ、ある程度の量の血を滴らせる。隣に座っている男もその隣の男も、腕を切って同じようにし、桶を血でいっぱいにする。だいたい二リットル入る。少年はゆっくり時間をかけてそれを飲む。胃が受け付けなくなると、父親が少年の喉を押さえて、血を戻さないようにする。戻せば、父も母も、姉妹も兄弟も、みんな死ぬからだ。残った血は少年にかける。

このときから、一カ月に及ぶこともあるが、少年は人間の血以外は口にしてはいけない。神話に登場する先祖ヤンミンガがそう決めた……。血が桶の中で乾いて固まってしまうこともある。すると、見張りをしている者がそれを骨で切って、両端の塊から少年に食べさせる。血の塊も均等に分けなければならない。そうでなければ少年は死んでしまう。[58]

血を与える側の大人の男が体力を消耗して気を失い、一時間ぐらい人事不省に陥ることも、頻繁に起こる。[59] 別の目撃者の話によると、「以前は、この（儀礼で未成年の者が飲む）血は、そのために殺された男から搾り、肉も食べた」(60)という。「これで、原父を殺し食べるという儀礼のイメージに、これまでで一番近づいた」とローハイム博士は語る。

ある出来事が記録されている。二人の少年が、目をあげてはいけないのにあげてしまった。「すると古老の男たちがそれぞれ手に石のナイフを持って前に出てきた。そうして二人に覆いかぶさって、それぞれの血管を開いた。血があふれ出し、周りの男たちがみな、断末魔の叫びをあげる。少年たちに息はない。古老のウィレーヌン（呪医たち）は石のナイフを血に浸し、そこにいる者たちの唇にナイフをあてた……。ブーラーの生贄になった遺骸は調理された。ブーラーを五回経験した男たちが一切れずつ肉を食べた。他の者たちはそれを見ることを許されていなかった」(61)

疑うべくもないが、オーストラリアに住む真っ裸の未開の人たちがどれほど蒙昧に見えても、その象徴的な儀式の数々は、信じられないほど古い精神的な指導システムが現代にまで続いていることを示す。それを広範囲に証明するものは、インド洋を臨む土地や島だけでなく、私たち独自のそれこそ特別なものとみなしがちな古代文明の中心にある遺跡でも見つけられるだろう。その古老たちがいったいどのくらい知っているか、目撃した西洋人が公開した記事から判断するのは難しい。しかしオーストラリアの儀式に登場する人物と、もっと高等な文化にいる私たちになじみ深い人物の比較から、大きなテーマ、永遠の元型、そして元型が魂にどう作用するかは、どちらも変わらず同じだとわかる。

驚いたことに、現代のメラネシアには、紀元前二〇〇〇〜前一〇〇〇年の間のエジプト‐バビロニア的、トロイア‐クレタ的「迷宮コンプレックス」と本質的には同じ象徴的なシステムが残っていることがわかった。これについてはジョン・レイヤードの ***Stone Men of Malekula*** を参照のこと。[62] W・F・J・ナイトは、マレクラ島の「冥界への魂の旅」が、古典に見るアイネイアスの旅、およびギルガメシュのバビロニア人の旅と明白な関係があると述べている。[63] その一方、W・J・ペリーは、エジプトとシュメールに始まり、オセアニアを通って北アメリカまで続く、こうした文化の連続性を示す証拠は見つかる、と考えていた。[64] 古代ギリシアとオーストラリア先住民の、それぞれのイニシエーション儀式は、その詳細においてぴったり符合する点がある、と指摘した学者は多い。[65]

さまざまな古代文明の神話的・文化的パターンが、どのようにしていつの時代に、地球上の隅々まで広がったか、それはまだ定かではない。とはいえ、あるとしてもわずかだが、人類学者が研究した「未開文化」と呼ばれるものは、ほとんど土着的成長を見せない、と分類学的には言える。むしろ、さまざまな土地で、ずっと複雑な環境の中で、他の人種の手で発

展してきた習俗が、一地域に適応し、そこだけで衰退し、ひどく古くなって化石化するのである。(66)

来たれ、ディテュランボス、
父の子宮に入れ(67)

これは、雷《いかずち》を投げるゼウスが息子のディオニュソスに向かって叫んだ言葉で、イニシエーションによって生まれ変わるというギリシア神話のテーマに聞こえる。「それに加えて牛の唸り声がどこからか、目に見えぬ恐ろしい幻影から響き、太鼓の音からは、まるで地の底の雷のような姿が、恐怖で重くなった大気に立ち上がる(68)」「ディテュランボス」という言葉自体が殺され甦ったディオニュソスの蔑称で、ギリシア人は「二つの扉を持った」人、生まれ変わるという恐ろしい奇跡を生き延びた人と理解した。そして、ディオニュソス神を讃える合唱曲（熱のこもった讃美歌）と暗く血の悪臭が漂う儀礼――無為の生活を改め、月が生まれ変わり、太陽が生まれ変わり、魂が生まれ変わることと結び付き、年神が生まれ変わる季節に祝う儀礼――が、古代アッティカ悲劇の儀礼的始まりを表すことを私たちは知っている。古代の世界には、そういう神話や儀礼がたくさんあった。タムーズ、アドニス、ミトラ、ウィルビウス、アッティス、オシリスの死と復活、そしてそれらを動物（山羊、羊、牛、豚、

図30　邪術師（壁画、旧石器時代、フランス、紀元前１万年頃）

馬、魚、鳥）で表したときの動物の死と復活は、比較宗教学の研究者であれば知っている。「聖霊降臨祭の田舎者」「緑のジョージ」「ジョン・バーレーコン」「コストゥルボンコ」「冬を送る」「夏を迎える」「ミソサザイ狩り」といった人気の謝肉祭は、陽気な宴の形で伝統をつないで現代の暦に残っている。[69] そしてキリスト教の教会を介して（堕落と贖い、キリストの磔刑と復活といった言い伝えや、洗礼という「生まれ変わり」、堅信礼で頬をたたくイニシエーション、肉を食べ血を飲む象徴としての聖体拝領などで）、私たちは厳かに、ときに効率よく、イニシエーションの力となる不死のイメージと一体になる。そういう秘義を行なうことで、人はこの世に生を享けたときから、自分は現象的な存在にすぎないという恐怖を払いのけ、あらゆるものに変わる不死の存在の姿にたどり着くのである。「もし牛や山羊の血や若い牝牛の灰を穢《けが》れた人々にふりかけて、その肉体が清められるのなら、永遠の聖霊を通してご自身を一点の穢れもなく神に捧げたキリストの血が、どれほど多く、あなた方の良心を死の行ないから清め、生きる神に仕えるようにするだろうか」(70)

東アフリカのバズンブワ族に伝わる民話がある。ある男の前に、死んだ父親が死神の牛に乗って現れ、まるで大きな穴のような地中へと男を案内した。二人は、何人か人がいるとても広いところに出た。父親は息子を隠し、突然眠ってしまった。翌朝、地界の大王、死神が現れた。死神の半身は美しかったが、もう半身は腐って、ウジがポトポトと地面に落ちた。従者たちがそのウジを集めていた。従者たちが死神の傷を洗い、それが終わると、死神はこう言った。「今日生まれる者は、商売に出れば、奪われるだろう。今日子を宿す女は、宿した子と一緒に死ぬだろう。今日耕す者は、すでに作物が枯れている。ジャングルに入ろうとする者は、すでに獅子に食われている」

死神はこのように万物を呪って、戻って行った。ところが翌朝死神が現れると、従者たちはそのきれいな半身を洗って香水をふりかけ、オイルでマッサージした。それが終わると、死神は祝福した。「今日生まれる者は、富を手に入れるだろう。今日子を宿す女は、長生きする子を産むだろう。今日生まれる者は、市場に行けば商売が成功するだろう。ジャングルに入ろうとする者は、獲物を殺せるだろう。ゾウも見つかるだろう。なぜなら、今日は私が祝福するから」

すると父親が息子に言った。「ここに来たのが今日だったら、手に入るものは多かっただろう。けれどこれで、貧困がお前の運命になったことがはっきりした。明日、帰ったほうがいい」

こうして息子は家に帰った。(71)

冥界の太陽、死者の主は、一日を支配し授ける燦然たる王のもうひとつの顔である。「空から地からお前の命を支えるのは誰だ。死者から生者を、生者から死者を作り出すのは誰だ。すべての事柄を支配し管理するのは誰だ」(72)ワチャガ族のひどく貧しい男キャジンバの話を思い出そう。キャジンバはよぼよぼの老婆に天へ連れて行かれた。太陽が正午に留まる場所である。(73)そこには偉大な族長がいて、キャジンバに幸運を授けてくれた。それからアフリカの別の沿岸に伝わるトリックスター的神エシュの話もある。(74)もめ事を広げるのが最大の楽しみだった。これらは、恐ろしい摂理たる神の異なる見方である。この神の中にあり、そこから生まれるのが、善と悪、死と生、苦と楽、与と奪、といった矛盾である。太陽の扉に立つ者として、ありとあらゆる相反する組み合わせを生み出している。「目に見えぬ世界への鍵は神のもとにある。あなた方はいずれ神のもとに戻るだろう。そうすれば神はあなた方がしたことすべての真理を見せてくれるだろう」(75)

明らかに自己矛盾している父親の不思議は、有史以前のペルーにいた、ヴィラコチャという立派な神の姿に現れている。この神の冠は太陽であり、一方の手に雷を持っている。両目からは涙の形で雨が流れて、世界中の谷の命を潤す。ヴィラコチャは万物の神、あらゆるも

図31　涙を流す万物の父ヴィラコチャ
(銅、先インカ期、アルゼンチン、650 ～ 750 年頃)

のの創造主である。ところが地上に現れたときの伝説には、ぼろをまとい、悪口雑言を浴びせられる物乞いの姿でさまよう様子が描かれる。マリアとヨセフがベツレヘムで宿屋の前に立つ福音書[76]や、バウキスとペレモンの家でユピテルとメルクリウスが宿を求めた古代の話[77]を思い出す人もいるだろう。また、正しく認識されなかったエシュも思い出す。これは神話でよく見るテーマである。その意味は、「どこを向こうとアッラーはおわす[78]」というコーランの言葉に現れている。ヒンドゥー教徒はこう言っている。「神はあらゆるものに宿るが、その魂は表に光を見せない。鋭く優れた知性を持つ賢い人にしか見えない[79]」グノーシス主義者の格言では「枝を裂け。さすれば、そこにイエスがいる」となる[80]。

　このようにヴィラコチャは遍在性を表し、世界の神々の中でも高度な部類に入る。さらに太陽の神と嵐の神をあわせ持つことも、よく知られている。ヘブライ人のヤハウェ神話でも、ヤハウェの中に二つの神の特徴が同時に存在（ヤハウェは嵐の神、エルは太陽の神）しているのがわかる。また双子の軍神の父をナヴァホ族が擬人化した話でも、それが見てとれる。ある仏像の形に見られる雷や後光と同じように、ゼウスの特徴でも明白である。つまり、太陽の扉を通して人間世界に注がれる神の恵みは、消滅してもそれ自体は不滅である雷のエネルギーと同じで、不滅の神がもたらす迷いを断ち切る光は、創造する光と同じなのである。自然界の四元素の三番目と四番目の対極で言えば、太陽で燃える火は、土地を肥やす嵐のときも燃え盛る。基本的に相反する組み合わせの火と水の背後にあるエネルギーはひとつであり、同じものなのである。

しかし、宇宙の神をペルー風に高貴に解釈したヴィラコチャの、最も風変わりで深く感動を呼ぶ特徴は、ヴィラコチャに特有の、涙の解釈である。命を与える水は神の涙である。これで、修行僧の言う「すべての生は悲惨である」というこの世を信用しない考え方が、父親の「命あるべし」という世界を生み出す肯定的な考えとつながる。手中の被造物の生の苦しみに十分に気づき、激しい苦痛の叫びや、失望し自己破壊しみだらで怒りに満ちる自ら創造した世界の気を狂わすような劫火を十分意識して、この神は生あるものに命を注ぎ込む行為を黙って見ている。精液を出さなければ、絶滅を招く。出せば私たちの知る世界が創造できる。時の本質は流れることで、一瞬存在したものの消滅である。そして生の本質は時なのである。このデミウルゴス的な男の中の男は、慈悲深い心で、時が形になることを愛して、苦悩の海の味方をする。しかし自分が何をしているのか気づくと、差し出す命の精液は目から流れる涙になるのである。

時が形になって永遠から現れるという創造の逆説は、父親の本源的な謎である。きちんとした説明は無理だろう。ゆえにどんな体系の神学にもへそがあって、それが母なる命の指が触れたアキレスの腱になり、そのために完全に知る可能性は損なわれた。英雄の課題は、まさにそのへそを通って自分自身を（そして同時に世界も）突き抜け、限りある自分という存在の難問を叩き壊し消滅させることである。

英雄が父親に会いに行くという課題は、恐怖に対して心を開き、この広く無慈悲な宇宙の、気分が悪くなるような狂気の悲劇が、「存在する者」の威厳の中でどのように完全に認められるのかが理解できるほどに成長することである。英雄は、特有の盲点がある命を飛び越し、命の源泉をかいま見て、しばらく立っている。そして父親の顔を見、理解して、父と子は一体化するのである。

聖書のヨブの物語で主は、人の言葉であっても他の方法であっても、「素直で正直、神を畏《おそ》れ、悪を避ける」徳の高いヨブに起こる不当な報いは当然だと、示そうとはしない。ヨブの召使がカルデア人の兵隊に殺され、息子や娘が落ちてきた屋根に潰されたのも、その人たちの罪ではなかった。友人は、ヨブを見舞ったとき、ヨブがこんなにひどい目に遭うのは、何か悪いことをしたからに違いない、と神の正義を心から信じて言い切る。しかし正直で勇気があって、限界まで真実を求めようと苦しむヨブは、自分は善を為してきた、と強く言う。すると慰めに来たエリフが、自分のことを神より正しいと思っていると言って、ヨブの冒瀆を責める。

主は自らつむじ風の中に現れてヨブに答えるとき、倫理にかなった言葉で主自身の業を説明しようとしない。ただ主の存在をますます大きく感じさせ、ヨブに天のやり方を真似て地上で励め、と言う。

男にふさわしく腹を決めよ。お前に尋ねるから答えなさい。私の審判も認めないのか。自分は正しいと言って、私を非難するのか。お前に神のような手があるのか。神のような声を響かせることができるのか。ならば称号で飾り立てよ。栄光と美で身を整えよ。

渦巻く怒りを周囲に投げかけよ。そして高慢な者を見つけ、その地位を貶めよ。高慢な者たちを見て、頭を下げさせよ。邪悪な者をその場で踏みつけよ。まとめて塵の中に閉じ込め、その顔を見えなくさせよ。さすれば私も、お前の手がお前を救うと言おう。[81]

説明はない。『ヨブ記』の第一章に書かれていた、サタンの怪しい賭けについても言及しない。ただ事実を稲妻のように激しく言い募るだけである。人間は神の意志を測ることはできず、神の意志は人間の範疇《はんちゅう》を超えたある中心点から現れる。たしかに人間は、『ヨブ記』の全能者にすっかり痛めつけられ、最後まで痛めつけられっぱなしになる。それでもヨブの目の前に神は現れ、魂を満足させる意味を成したように見える。ヨブは激しく過酷な試練の中で勇気を振り絞り、至高の神の一般に思われているような性質を前にして泣き崩れひれ伏す気がないまま、友人が満足する神よりももっと偉大な姿の神と会う資格があることを立証したのである。最後の章でヨブが口にする言葉を、ただ恐ろしいものに会った人間の言葉として解釈することはできない。神が義と認める中で言った言葉をはるかに超える何か、それを見た人の言葉だからだ。「耳で、あなたの言葉を聞きました。しかし今、私の目はあなたを見ています。それゆえ、私は自分を厭い、塵と灰の中で懺悔します[82]」信心ぶった見舞客は恥をかかされ、ヨブは新しい家、新しい召使、新しい娘と息子を与えられた。「このあと、ヨブは一四〇年を生き、息子や、息子の息子を見、四世代を見ることになった。そうして寿命いっぱい生き老いて、旅立った[83]」

成長して、本当に父親を知るようになった息子にとって、試練の苦悩はすでに耐えられるものになっている。世界はもはや涙の谷ではなく、祝福を与えようとする存在が永久に現れる場所である。ジョナサン・エドワーズとその教会員たちは、怒れる神の脅威を知っていたが、同世紀の東ヨーロッパの悲惨なユダヤ人街で綴られた、次の優しい詩と対比してみよう。

宇宙の主よ、
あなたのために歌を歌います。
あなたはどこで見つかるのでしょう。
あなたはどこで見つけられないのでしょう。
私が通るところ、そこにあなたは在《おわし》ます。
私が留まるところ、そこにもあなたは在ます。
主よ、主よ、あなただけです。

うまくいけば、それはあなたのおかげ。
うまくいかなくても、やっぱりあなたのおかげ。
あなたは今ここに在ます。これまでも在ました。これからも在ます。
あなたはこの世を治めました。今も治めます。これからも治めます。

あなたは天です。あなたは地です。
あなたは上のほうを満たし、
あなたは下のほうを満たします。
私がどこを向こうとも、主よ、あなたはそこに在ます。(84)

5　神格化

チベット、中国、日本の大乗仏教の菩薩《ボーディサットヴァ》の中で、最も強く最も愛されているのは、観世音菩薩《アヴァロキテシュヴァラ》（蓮華を持つ者）すなわち「慈悲の心で見下ろす主」である。そう呼ばれるのは、存在することで起こる悪に悩む生きとし生けるものを、思いやりの心で見るからである。観世音菩薩には、チベットのマニ車や寺の鐘とともに唱えられる「宝は蓮華にあり《オンマニペメフン》」という祈りが百万遍も届く。おそらく、一分間に届く祈りは、他のどんな神よりも多いだろう。人として生きた人生の終わりに臨終の境界を自ら壊し（その瞬間、名目的で境のある宇宙という迷いの世界を超えて、虚空という永遠が見えた）、そのとき立ち止まって、虚空に入る前に、例外なくすべての生き物を悟りへ導くことを誓ったからである。そしてそれ以来、観世音菩薩は人を救済するために存在するという神のような恵みを伴って、存在するもの全体の本質にしみ込んだ。その結果、ブッダの広大な精神世界を通って菩薩に向けられた祈りは、どんな小さなものでも喜んで聞いてもらえる。観世音菩薩はさまざまな形になって一万世界を渡り歩き、求められ祈りを捧げられれば姿を現す。二本の腕がある人間の姿で現れることもあれば、四本、六本、一二本、一〇〇〇本の腕を持つ超人的な姿で現れることもある。そしていずれにしても左側の手のどれかには、世界を表す蓮華を持つ。
ブッダ自身と同じように、この神に似た存在は、無知という究極の恐れを超えた人間の英雄が到達する、神性の姿である。「意識という囲いがなくなったら、すべての恐れから解放されて、不動の境地に達する」[85]これは私たちみなが内に持つ解放する能力で、英雄のようになれれば誰でもそこに到達できる。「あらゆる法は仏法である」[86]または（同じことだが）「あらゆる人は無我である」と説かれているからだ。

小乗仏教または上座部仏教（スリランカ、ミャンマー、タイに残る仏教）では、ブッダを人間の英雄、究極の聖人、英雄として崇める。一方、大乗仏教（北の方に広がった仏教）では、悟りを開いたブッダはこの世の救済者であり、普遍的な悟りの原理の化身と考えられている。

菩薩は、仏性という意味では人である。小乗仏教の考え方によると、次の転生でブッダになる高位の修行者で、大乗仏教の考え方によると（以下の本文でも述べるが）、この世の一種の救済者であり、特に普遍的な思いやりの原理を示す存在である。菩薩を表すサンスクリットの「ボーディサットヴァ」は「存在または本質自体が悟り」という意味である。

大乗仏教では、菩薩や仏の過去と未来を表す仏像が多く作られた。これらはすべて、超越者――唯一無二のアーディ・ブッダ（本初仏）[87]――が見せる力を、形を変えて表している。

図32　菩薩（曼陀羅、チベット、19 世紀）

アーディ・ブッダは、万物の知覚しうるかぎりの最高の源であり、万物の究極の境界であって、不思議な泡のように、非在の虚空に浮かんでいる。

この世は菩薩（「存在が悟り」と言われるもの）にあふれ、菩薩に照らされているが、菩薩を手にしているわけではない。むしろこの世、つまり蓮華を手にしているのが菩薩である。苦も楽も菩薩を囲わない。菩薩が苦や楽を囲う。しかも心の底から穏やかに。そして菩薩は私たちもいつかなるかもしれない存在なので、その姿は、像でも名前を唱えるだけでも、救いになるのである。

菩薩は八〇〇〇〇もの光を放つ花輪を身に着け、完全なる美の状態を見事に映し出している。身体の色は紫金色。手のひらは五〇〇もの蓮華の花の色が混じり、指先にはそれぞれ八万四〇〇〇の印相があり、印相のひとつひとつが八万四〇〇〇色で彩られる。どの色からも、存在するものすべてを柔らかく穏やかに照らす八万四〇〇〇の光を発している。このような宝物のような手で、菩薩はあらゆる存在を引き寄せ抱きしめる。頭にかかる後光には、不思議な姿をした五〇〇ものブッダがちりばめられ、それぞれのブッダは五〇〇の菩薩を従え、その五〇〇の菩薩はそれぞれ、今度は数えきれないほどの神々を従える。菩薩が足を地に下ろすと、まき散らされているダイヤモンドや宝石の花

図33　観音または観世音菩薩（木造彩色、中国、11 ～ 13 世紀）

が、四方八方のあらゆるものを覆う。顔の色は金色である。さらに、宝玉で飾った高くそびえる冠の中には、二五〇マイル（約四〇〇〇キロメートル）もの高さの仏がいる。[88]

このいかにも優しそうな菩薩は、中国と日本では男の形だけでなく女の形でも表される。中国語で観音《クワンイン》、日本語で観音《かんのん》と表される極東の聖母は、まさに情け深くこの世を見守る。極東の仏教の寺院でなら、どこでも見られるだろう。観音さまは無知な人間にも賢い人間にも、同じようにありがたい存在である。それは菩薩の誓いの後ろには、この世を救い、この世を支える、深い直観的洞察があるからである。ニルヴァーナの境界で佇み、（決して終わらない）時が終わるまで、永遠という安心のできる深みに浸らないでいようと心を決めたことは、永遠と時の違いはほんの見せかけだけだと悟ったことを表す。その違いは、合理的な精神では否応なしに現れるものだが、相反する組み合わせを超越した精神を完全に知ると消滅する。時と永遠が、一つの同じ経験全体の二つの側面であり、二つに分けることのできない一つのものの二つの面だと、理解できるのである。つまり永遠という宝物は生と死の蓮華の中にある。「宝は蓮華にあり《オンマニペメフン》」なのだ。

ここで注目したい最初の不思議は、男らしい観世音菩薩と女らしい観音という、菩薩の両性具有という特徴である。

男でもあり女でもある神は、神話の世界では珍しくない。いつもどこか神秘性を伴って登場する。それは、物質的な経験を超えて、二元性が残る象徴的な世界へと心を誘うからである。ズニ族の村で崇められる主神アウォナウィロナは、万物を創り万物を包み込む神で、よく男性扱いされるが、実は男女両性である。中国年代記に登場する万物の源、太元玉女は、その姿に男らしい陽と女らしい陰をあわせ持つ。

陽は明るく活発で男らしい本質、陰は暗くておとなしく女らしい本質を表し、両方が相互に作用しながら、形ある物の世界全体（「万象」）の根拠になり、その構成要素になる。陽と陰は存在の源であり法である「タオ」に由来し、二つを合わせて「タオ」を表す。「タオ」は「道」という意味で、自然や運命、宇宙の秩序の道筋であり、顕在化する絶対的概念である。したがって「真理」「正しい行ない」とも言える。二つ合わせて「タオ」になる陽と陰は、絵に描くと「☯」になる。「タオ」は宇宙の根底にあり、創造されたものすべての中にある。

中世ユダヤ教のカバラの教義では、二世紀のキリスト教グノーシス派の聖典と同じように、「肉になった言葉」は両性具有だとしている。イヴという女性の面が切り離されて別の形になる前の、まさに創造されたときのアダムの状態である。そしてギリシア人の間では、ヘルマフロディトゥス（ヘルメスとアフロディテの間に生まれた子ども[89]）だけでなく、愛の神エロス（プラトンによれば、最初に登場した神[90]）も、女であり男であった。

「神は御自分にかたどって人を創造された。神にかたどって創造された。男と女に創造された」[91] ここで疑問に思うのは、神の姿の本質は何だったのか、ということである。しかしすでに答えは聖書注解書に示され、それで十分にはっきりする。「聖なる神——神に祝福あれ——は最初の人間を創った。それは両性具有であった」[92] その人間から一部を切り離して女の形にするのは、完全なるものが堕落して二元性を帯び始めることを表す。これは当然、善と悪の二元性の発見、神が歩く庭からの追放へとつながり、さらに「相反する組み合わせの一致」[93]を成す天国の壁が作られた。こうしていまや男と女に分かれた人間は、神の姿を見ることができないだけでなく、神の姿を思い出すこともできないのである。

これは、多くの土地で知られている神話を聖書的に解釈したものである。創造の神秘を示す一つの基本的な考え方であり、永遠性を時間という考え方に展開し、一を二へ、そして多へ分割する——[94]二つを結合して新しい生命を誕生させる考え方と同じである。この考え方は宇宙創成の円環の始まりにあり、英雄の活躍の最後にも同じようにある。その瞬間、天国の壁が消えて神の姿が見え、その記憶も戻り、知恵を再び授かるのである。[95]

視力を失いながらも予言者となったテイレシアスは、男であると同時に女である。相反する組み合わせにあふれる明るい世界のいびつなものには目を閉じ、内なる闇の中でオイディプスの運命を見た。[96] シヴァは、「半分女性の神」[97] アルダナーリーシュヴァラを表すときは、妻シャクティと一つに合体し、右側がシヴァ、左側がシャクティの姿をしている。アフリカやメラネシアのある部族の先祖の像は、身体は一つで、母の乳房と父の髭と陰茎を持ってい

図34　両性具有の祖先（木彫、マリ、20 世紀）

る。[98]そしてオーストラリアでは、割礼の試練のあと一年ほどすると、完全な大人の男になるために、二度目の割礼の儀式を受ける。これは陰茎の下側を切開して、尿道の中に完全な裂け目を形成する尿道切開術である。この裂け目が「陰茎の子宮」と呼ばれる。いわば男の膣の象徴である。英雄は、儀式のおかげで男以上の存在になる。[99]

儀式で塗る血や、鳥の白い羽を体に貼り付けるために使う血は、オーストラリアの父親たちの、二度目の割礼で開けた穴から取る。古傷を開いて血を流すのである。[100]これは女性の経血であり男性の精子、さらに尿であり、体液であり男の乳である。[101]血が流れれば、年配の男たちの内に生命と栄養の源があるという証拠になる。年配の男たちと汲めども尽きぬ世界の泉は同じである。[102]

父なる大蛇の呼び声は、子どもを怯えさせ、母親が子どもを守った。しかし父親は連れに来る。父親は、未知の神秘の世界に誘導しイニシエーションを授けるのである。母親と一緒にいる幼子の、天国のような世界に最初に侵入する父親は、敵対する者の元型である。したがって生涯にわたって、敵対する者は（無意識に）父親を象徴することになる。「殺される者はみな父親になる」[103]こうして（たとえばニューギニアの）首狩り族の社会では、血の復讐で持って帰った首は崇拝される。[104]また、戦いの衝動に抗えないのも当然である。父親を滅ぼしたいという私的衝動が、絶えず公的な理由の暴力にその姿を変えていくのである。直接的なつながりのある共同体や部族の年長の男たちは、トーテムを用いた儀式の心理的呪術によって、成長しつつある息子たちから身を守っている。そして人食い鬼のような父を演じ、その後、子どもを養う母の姿になる。新しくてより大きな楽園はこうしてできる。しかしこの楽園には、昔から敵対する部族や種族は含まれないので、そういう敵対者に対してはいまだに組織的な攻撃をしかける。「良き」父と母の概念は仲間内で、「悪しき」概念は外や周囲に対して向けられるのである。「この割礼をしていないペリシテ人は何者だ。生ける神の軍隊を侮《あなど》るとは[105]」「敵を追うのに気を緩めるな。あなたが苦しいなら相手も苦しい。しかしあなたにはアッラーの希望がある。相手にはそれがない[106]」

　トーテムや部族や民族、そして強引な伝道を旨とするカルト集団は、愛によって憎悪を抑えるという心理的な問題に対して部分的な解決法しか示さず、部分的なイニシエーションしか行なわない。この方法ではエゴは滅びず、むしろ大きくなる。そして自分のことだけを考える代わりに、所属する社会全体に身を捧げるようになる。その一方で、その社会を除いた世の中（つまり、人間社会の大半）は自分のテリトリーの外にあって、共感もしなければ守ろうとも思わない。なぜならば、自分の神の保護範囲をはずれているからである。そしてこのとき、歴史が豊富に例示している愛と嫌悪という二つの原理が劇的に分離する。そして熱狂のあまり、自分の心を清める代わりに、世の中を清めようとするのである。神の国の法は自分の仲間内（部族、教会、民族、階級など）のみに適用し、割礼を受けていない者、蛮族、異教徒、「先住民」など異質な人々がたまたま隣にやってきたというだけで、絶え間なく続く聖戦の炎を（良心と、敬虔な奉仕の気持ちはあるものの）その人たちに浴びせるのである[107]。

その結果世の中は、特定のトーテムや旗や派閥を崇拝する者たちの、競い合う集団にあふれる。いわゆるキリスト教を信奉する国々でさえ、「世界」の救い主を信奉していることになっているのに、自分たちの神だと信じる至上の主が教えてくれた無条件の愛（自我や自分だけの世界、自分たち部族の神を効果的に克服すること）をどんなに実践してみせても、植民地での野蛮行為や血なまぐさい紛争のほうが歴史では有名だ。

「しかし、わたしの言葉を聞いているあなたがたに言っておく。敵を愛し、あなたがたを憎む者に親切にしなさい。悪口を言う者に祝福を祈り、あなたがたを侮辱する者のために祈りなさい。あなたの頰を打つ者には、もう一方の頰をも向けなさい。上着を奪い取る者には、下着をも拒んではならない。求める者には、誰にでも与えなさい。あなたの持ち物を奪う者から取り返そうとしてはならない。人にしてもらいたいと思うことを、人にもしなさい。自分を愛してくれる人を愛したところで、あなたがたにどんな恵みがあろうか。罪人でも、愛してくれる人を愛している。また、自分によくしてくれる人に善いことをしたところで、どんな恵みがあろうか。罪人でも同じことをしている。返してもらうことを当てにして貸したところで、どんな恵みがあろうか。罪人さえ、同じものを返してもらおうとして、罪人に貸すのである。しかし、あなたがたは敵を愛しなさい。人に善いことをし、何も当てにしないで貸しなさい。そうすれば、たくさんの報いがあり、いと高き方の子となる。いと高き方は、恩を知らない者にも悪人にも、情け深いからである。あなたがたの父が憐れみ深いように、あなたがたも憐れみ深い者となりなさい(108)」

以下のキリスト者からの手紙と比較しよう。

キリストの誕生より一六八二年の年に

ジョン・ヒギンソン殿

ウェルカム号という船がやってきました。一〇〇人以上の危険な異端者、クエーカー教徒が乗っています。首領はならず者のW・ペンです。州議会はこの事態に対して、帆船ポーパス号の船長マラカイ・ハスコットに神聖なる命令を下しました。件のウェルカム号をケープコッドのできるだけ近くにおびき寄せ、首領のペンおよび神をも畏《おそ》れぬ乗員全員を捕らえよ、とのこと。さすれば主の栄光は讃えられ、この新しい国の土の上で、その輩の異端の信仰により穢されることはなくなるでしょう。バルバドスでまとめて売ってしまえば、莫大な利益を得ることも可能です。バルバドスでは奴隷は高値のラム酒や砂糖になりますから、邪悪な者を罰して主のためになるだけでなく、神に仕える陛下と国民のためにも大いに役立つでしよう。
キリストとともにあらんことを
コットン・マザー(109)

世界の元型について、教会や民族や国家といった狭く限定的な解釈で偏見を持つことをやめれば、究極のイニシエーションは、その土地限定の母なる父親によるものではない、ということが理解できるだろう。そういう父親は自分を守るために隣人に攻撃の矛先を向けてしまうからである。世界の贖《あがな》い主がもたらし、多くの人々が喜んで聞き、人に伝えたいと強く思い、いやでも実践しなければならない福音は、神というのは愛であり、私たちが愛することのできる存在であり、愛されなければならない存在であり、例外なく誰もが神の子どもだということである。(110)信条（教理・教義を神と人に示す成文箇条）の中の残りの項目や礼拝のやり方、教会組織の運営の仕方のような比較的些細なこと（西洋の神学者はこういうことに興味を持ち、宗教の大事として深刻な顔で論じてしまっている）は、主たる教義に付随するものとして扱われるのでなければ、単なる衒学的な落とし穴になってしまう。実際、付随的なものとして扱われないところでは、話を後退させる役にしか立たず、父親像はトーテム像の次元まで戻ってしまう。そしてこれこそ、キリスト教の世界で起きたことなのである。私たちに与えられた仕事は、私たちのうちの誰が父なる神に好かれるかを決めたり知ったりすることだ、と思う人もいるだろう。ところが教義はそんなに甘いものではない。「人を裁くな。あなたがたも裁かれないようにするためである」[111]世界の救い主の十字架は、祭司[112]と名乗る者が何をしようとも、一部の人々が掲げる旗よりも大いにずっと民主的なのである。

カール・メニンガー博士は[113]、ユダヤ教の指導者、プロテスタントの牧師、カトリックの司祭は、大まかな原則で言えば、理論上の違いを一致させることが可能だが、ひとたび永遠の命に到達するための方法や決まりについて議論を始めると、絶望的なほど意見が相容れない、と指摘した。「ここまでは問題はない。しかし方法や決まりとは何か、確実に知らないと、すべてが茶番になってしまう」とメニンガー博士は書いている。これに対して、ラーマクリシュナはこう答えている。

「神は、大志を抱く者一人ひとりに合わせて、時代や国に合わせて、異なる宗教をつくった。すべての教理は多くの道にすぎず、そのうちの一本が神そのものであることはない。たしかに、どれかの道を心から信じて進めば、神にたどり着くだろう……。アイシングをかけた菓子は、縦から食べても横から食べてもいい。どちらから食べてもおいしいのだから[114]」

聖アウグスティヌスが「悪魔の国」に対して「神の国」の聖戦を布告してから、何世紀もの混乱の時間が過ぎたが、その間、キリスト教の世界に昔からある世界的な贖罪の言葉と象徴の、最終的で決定的な意味は決まらなかった。そのため、世界的宗教（つまり、普遍的な愛という教理を持つ宗教）の意味を知りたいと願う現代の思想家は、もう一つの大きな（そしてずっと古い）普遍的な宗教に目を向けなければならない。それがブッダの教えであり、今でも一番大事な言葉として、生きとし生けるものの安らぎを表す「平安」が掲げられている。

イスラム教については述べないことにする。というのも、イスラム教でも教理を説くときに聖戦という言葉を使い、その結果わかりにくくなっているからである。たしかに、キリスト教世界と同じようにイスラム教世界でも、厳密な意味での戦場は地理的なものではなく、心理的なものである（イスラムの詩人ルーミーの言葉「『首をはねる』とは何だろう。聖戦で肉体の命を殺すとは[115]」と比較せよ）。それでも、イスラム教、キリスト教どちらの教理も、一般的でオーソドックスな表現はかなり過激なので、どちらの宗教でも愛の働きを布教で見分けるには、高度に知的な理解が求められる。

次に示すのは、チベットの詩聖ミラレパの讃美歌二篇から引いた詩篇だが、これはウルバヌス二世が第一回十字軍を前に説教したときのことを書いたものである。

六界にある幻の都市の中で
はびこるのは、悪しき行ないから生まれた罪と曖昧。
そこで人が従うのは好き嫌いの判断、
平等を知る間もない。
避けよ、神の子たち、好き嫌いを避けよ。(116)

万事の空しさがわかるのなら、
共感はあなたの胸の内に湧くだろう。
あなたが他の人との間にある違いを消せば、
その人の役に立てるようになるだろう。
あなたがうまくその人の役に立てたら、
そのときには私に出会うだろう。
そして私に出会えば、あなたは悟りを開くだろう。(117)

「万事の空しさ」（サンスクリットで *sunyata*）とは、現象界（現世）の人を惑わす自然現象を表す一方で、現象界での経験から知るような性質を「不滅なるもの」に帰属させることの不当性を表している。

天から放たれた空虚の光の中では
物や概念の影はなくなり、
それでも知の対象に空虚は広がる。
それは不変の空虚に従うこと。(118)

平安はすべてのものの核心にある。観音、すなわち強い菩薩、「限りない愛」は、有情の存在すべてを包み、見守り、その中に（例外なく）住まうからである。虫の繊細な羽の完全性が、時の流れの中で壊れることを、菩薩は見守っている。菩薩自身が完全であり崩壊なのである。なくなることのない人の苦悩、自ら苦しみ、思い違いをし、意味もなく心を乱して抜け出せなくなり、挫折し、それでもまだ心の内に解放される方法を持ちながら、それが見つからず十分に生かせていない――これも菩薩は見守っている。すべて菩薩自身なのである。人の上に安らかな姿を見せる天使、人の下に巣食う悪鬼や不幸な死者――これも宝玉に輝く菩薩の手から放たれる光によって菩薩自身に引き寄せられる。菩薩がそれらであるように、それらは菩薩である。縛られ足枷をはめられた意識の中核は、存在のあらゆる界で何層にも折りたたまれ（天の川のこちら側にある今の宇宙だけでなく、その向こう側の空間のずっと先まで）、やがていくつもの銀河を越え、万物の世界をいくつも越えて、虚空という時を超越した場所から生まれて一気に動きだし、泡のように消えていく。それを何度も何度も繰り返し、次から次へと命が育まれ、すべてが苦悩し、それぞれが目には見えない自らの円環にきつく束縛され、そうして勝利の向こうにある平安を非難し、殺し、嫌い、望む。これらはすべて、「すべてを見守る」神の、一瞬だが尽きることのない長い現世の夢が生み出した子どもたちであり、狂人たちである。「すべてを見守る」神の本質は「空しさ」の本質、すなわち「慈悲の心で見下ろす主」である。

ところがこの名前には、「内に見える主」*という意味もある。私たちはみな菩薩の姿を鏡に映したものであり、私たちの中にある苦しみは菩薩そのものである。私たちと、この守ってくれる父親は合わせて一つ――これが救済をもたらす洞察である。守ってくれる父親とは、私たちが会う人一人ひとりのことである。したがって、この無知で自ら限界を設けて身を守

＊　サンスクリットの *Avalokita* は「見下ろす」を意味するが、「見られる」の意味も持つ。*iśvara* は「主」したがって「（慈悲の心で）見下ろす主」とも「（内に）見える主」とも言える。W・Y・エヴァンス・ヴェンツの *Tibetan Yoga and Secret Doctrines* 参照。

り苦悩する身体は、誰か敵に脅かされる存在だと思うかもしれないが、その誰かの一人も神である、ということを知っておかなければならない。人食い鬼は私たちを破滅させる。しかし心の準備ができている適格者の英雄は「男らしく」イニシエーションを受ける。そして見てのとおり、人食い鬼は父親だった。つまり私たちは神の中にあり、神は私たちの中にいたのである。(119)私たちの身体を守る優しい母親は、私たちを父なる大蛇からは守れない。母から授かった手に触れることのできる死すべき肉体は、大蛇の恐ろしい力の前に差し出された。しかし死は終わりではなかった。新しい命を授かり、新しい誕生を迎え、存在することを改めて知った（その結果私たちはこの身体の中だけに生きるのではなく、菩薩のようにこの世のあらゆる生きもの、あらゆる身体に生きることになる）。大蛇の前に引き出す父親は、二度目の誕生の子宮であり母親だったのである。(120)

これが両性具有の神の像が示す意味である。両性具有の神は、イニシエーションの主題の神秘である。私たちは母親から引き離され、粉々にされ、人食い鬼という、世界を消滅させるほどの生きものに消化される。人食い鬼にとっては、どんなに高価で美しい形も存在も、ただのご馳走にすぎない。しかしそのあと奇跡的に生まれ直した私たちは、過去の私たちよりも優れたものになっている。神が部族や民族、国家、宗教を表す元型だというのなら、私たちは神のための戦士である。しかし神が宇宙そのものの主ならば、私たちは人類がみな兄弟だと知るようになる。そしてどちらの場合も、幼児期に抱いた「良きもの」「悪しきもの」という根源のイメージや考え方を超えてしまう。こうなれば、これ以上期待することも恐れることもない。今は、かつて期待し恐れた姿になっている。すべての神、菩薩もブッダも、世界の蓮華を手に持つ強力な存在の後光の中にいるように、私たちの中に組み込まれたのである。

「だから」ここに来て、主のもとに戻ろう。主は私たちを引き裂いたが、直してくれるから。主は私たちを打ったが、包帯を巻いてくれるから。二日後には私たちを生き返らせ、三日目には立たせて、主の御前《みまえ》で生きさせてくれるだろう。主を知ろうとすれば、わかるだろう。主が現れるのは朝が来るのと同じように用意されていたということが。秋に春に降って地を潤す雨のように、私たちに姿を見せてもらおう。[121]

これが菩薩の持つ不思議の第一の意義、すなわち両性具有的性格の現前である。それとともに、明らかに相反する二つの神話的冒険が一つになる。それは「女神との遭遇」であり、「父親との一体化」である。イニシエーションを受ける者は最初の冒険で、男と女は（『ブリハダーランヤカ・ウパニシャッド』に書かれているように）「豆を二つに割った片割れ同士」だと知る。[122] 次の冒険では、父なる神が、性が男と女に分かれる前の存在であることを知る。つまり神を表す代名詞Heは便宜上の代名詞であり、「息子時代」の神話は削除すべき導入部なのである。そして両方の冒険で、英雄が探しに来たのは自分自身だったということがわかる（むしろ思い出した、と言ってもいい）。

菩薩の神話で注目すべき第二の不思議は、生と生からの解放の違いが消滅したことである。これは、前に記したように、菩薩がニルヴァーナを断念したことに象徴される。ニルヴァーナとは簡単に言うと、「欲望、敵意、妄想という三重の情火を消すこと」である。読者は思い出すと思うが、菩提樹の下で受ける誘惑の話（56〜60頁参照）で、未来のブッダの敵対者は、文字通り「欲望と敵意」または「愛と死」を意味する、人を惑わす呪術師カーマ・マーラだった。カーマ・マーラは三重の情火の化身であり、最後の試練がいかに困難かを表す化身であって、ニルヴァーナへの究極の冒険に挑む宇宙の英雄が越えなければならない、最後の境界の守り人である。

「ニルヴァーナの『ニルヴァ』 ***nirva*** はサンスクリットの『吹き消える』という動詞だが、他動詞ではなく、炎が立たなくなることを表す……。燃料がなくなると、命の火は『鎮められる』（消される）。そのとき心が抑制されて、人は『ニルヴァーナの平安』『神の中で息を止めた状態』に到達するのである。……平安に至るには、火を燃やすものをなくせばいいわけで、これについては別の伝説では『平安は理解を超える』[123]とある」「息を止めた状態」という単語 de-spiration はサンスクリットの ***nirvana*** をラテン語で表したもので、***nir*** は「外へ」の意、***vana*** は「吹かれる」の意。***nirvana*** で「吹き消される、消される」となる。

宇宙を動かす力である三重の情火を自らの奥にできるだけ小さく、ほんの燃えさし程度に抑え込むと、救い主は、他の人間たちと同じように生きたいという原始的な肉体的意志——欲望と敵意という当たり前の衝動にしたがって、現象的な原因や目的や方法といったあてにならない環境で生きるという意志——が、ぐるりと囲む鏡に映し出されたかのような幻想を見た。そして、無視された肉体の最後の怒りに襲われた。すべてはこのときにかかっていた。たった一つの燃えさしから、再び大きな火が上がることもあり得たからだ。

この有名な話は、東洋にはずっとあった神話と心理学、形而上学の密接な関係を、見事に表している。鮮やかな擬人化により、心の内と外の世界の相互依存を示す教義をわかりやすく説明している。読者はきっと、精神《プシケ》の原動力を表すこの古代神話の教義と、現代のフロイト学派の教えが似ていることに驚いたのではないだろうか。フロイト学派の教えによると、生の欲望（エロスまたはリビドー、仏教のカーマ「欲望」に相当）と死の欲望（タナトスまたはデストルドー、仏教のマーラ「敵意または死」に相当）は、人を内なる世界から動かすだけでなく、その人のために周囲の世界に息を吹き込むための、二つの動力となっている。[124] さらに、欲望や敵意の土壌となる無意識に基づく妄想は、どちらの考え方においても、心理学的分析（サンスクリットのヴィヴェーカ）と啓蒙（サンスクリットのヴィディヤー）で払いのけることができる。しかしそれでも、昔からある教義と現代の教義、二つの教義の目的はまったく同じではない。

精神分析は、無意識のうちに誤った方向を向いてしまった欲望や敵意にひどく苦しむ人を癒すテクニックである。そういう欲望や敵意は本人の周りに、非現実的な恐怖や両面価値の魅力を蜘蛛の糸のように張ってしまっている。その蜘蛛の糸から解放された患者は、自分が属する文化に求められる、より現実的な恐怖や敵意、性的行為や宗教的な行為、仕事、戦い、余暇、家事に、かなり満足して関わることができるようになったことに気づく。しかし集落の囲いを出て、細心の注意を払って困難で危険な旅に取り組んできた人にとっては、こういう関心事もやはり錯覚に基づくと考えられるはずである。したがって宗教的な教えの目的は、その人を癒して一般的な妄想の世界に再び返すことではなく、妄想から完全に引き離すこととなる。そしてこれは欲望（エロス）と敵意（タナトス）を再調整して行なうのではなく——再調整しても新しい妄想の流れを生むだけなので——、有名な仏教の「八正道」に従って、衝動を根こそぎ消滅させることによって行なうのである。「八正道」とは、正見、正思惟、正語、正業、正命、正精進、正念、正定である。最終的に「妄想、欲望、敵意が消滅」（ニルヴァーナ）すると、心は以前考えた状態と違っていることを知る。思考が消えるのだ。心は本来の状態にとどまる。そうして肉体がなくなるまでそのままでいることになる。

星、闇、天の光、幻、露、泡、
夢、稲光、雲。
こうして作られたままの姿を見ようとは。[125]

　しかし菩薩は生を捨てるわけではない。思索を超越する真実の内なる領域（言い表しようがないので「虚空」としよう）から、もう一度外の現象の世界へ目を転じると、内で見つけた存在の大海が外にもあることに菩薩は気づく。「形あるものは虚空である。虚空も実は形あるもの。虚空は形あるものと違いがなく、形あるものは虚空と違いがない。形あるものとは、すなわち虚空である。虚空とは、すなわち形あるものである。知覚、概念、意志、認識もまた同じことである」[126]自己主張、自己防衛、自己執着というかつての自我の妄想を克服した菩薩は、心の内でも外でも同じ安らぎを知る。外に見えているのは、思索を超越した巨大な虚空が目に見える形になったもので、そこに自我、形、物の見方、言葉、概念そして知識という自身の経験が乗っている。やがて菩薩は、自分の悪夢に怯えて生きる、自分で自分を脅かす人に思いを寄せるようになる。そして立ち上がって人々のところへ戻り、自我のない芯となって人々とともに生きる。菩薩を通して、虚空の本質は単純な形になって明らかにされる。これが偉大なる「慈悲深い行為」である。なぜなら、欲望、敵意、妄想という三重の情火が消えた人を理解するとき、この世こそがニルヴァーナになるという真理が、この行為によって明らかになるからである。私たちすべての解放のために「恵与の波」がそんな人から出る。「この世の暮らしは、ニルヴァーナそのものの働きで、暮らしとニルヴァーナの間にはわずかな違いもない[127]」

　そのため、癒していつもの生活へ戻すという現代的な治療の目標は、結局は古代の宗教的な教えによっても達成できる、と言ってもいいだろう。ただ菩薩が巡った円環は大きい。この世の外に出ることは、間違っているわけではなく、正道への第一歩とみなされる。正道の一番遠い曲がり角では、万物の巡りの深い空しさに関する天啓を受けることになる。こういう考え方はヒンドゥー教でもよく知られている。生から解き放たれ（ジーヴァン・ムクタ）、欲望を持たず、情け深く、賢く、「ヨーガによって心を集中させ、万物を分け隔てなく見つめる人は、自らを万物の中に見、万物を自らの中に見る。どんな生き方をするにしても、その人は神の中に生きている[128]」

　ブッダから数えて二八代の祖師である達磨《だるま》大師に、「魂を浄化してほしい」と頼んだ儒教学者がいる。それに対して達磨は「魂をつくったら、浄化しよう」と返した。儒教学者は「それで困っている。見つからないので」と答え、達磨が「願いを叶えよう」と言った。これで儒教学者は悟り、心穏やかに去って行った[129]。

　自分の中に「永遠なるもの」があるというだけでなく、自分を含めて万物の真の姿が実は「永遠なるもの」であると知る人は、願望が成就する森に住み、不死の飲み物を飲み、永遠の協和音から成る耳には聞こえない音楽をどこにいても聞いている。これらは不死のものである。中国と日本の道教的風景画は、地上の風景の中に天上の世界を見事に描いている。善意を表す四頭の動物、鳳凰《ほうおう》、麒麟《きりん》、亀、龍が、それぞれ栄光の天空に近い聖なる山の、柳、竹、梅、霧の中に棲んでいる。身体はしわだらけだが心は永遠に若い賢人が、この山の頂で瞑想したり、象徴的な不思議な動物に乗って不死の流れを渡ったり、藍采和《ラン・ツァイホー》の笛の音を聞

図35　達磨（絹に彩色、日本、16 世紀）

きながらお茶を楽しんだりする。
中国の不老不死の者たちが住む地上の楽園の女主人は西王母《せいおうぼ》という仙女で、「亀の金母」とも呼ばれる。西王母は崑崙《こんろん》山の宮殿に住んでいるが、そこは芳しい花に囲まれ、胸壁は宝石、庭の壁は金で作られている*。西王母は、西の気の純粋な精髄が形になったものである。（六〇〇〇年に一度、桃が食べ頃になるのを祝って）決まって開かれる「桃の祭り」では、金母の優しい娘たちが、宝玉の湖を臨む東屋や天幕で客人をもてなす。湖へは珍しい泉から水が流れ入り、鳳凰の髄や龍の肝臓をはじめ、さまざまな肉料理が楽しめる。桃と葡萄酒は不老不死の源だ。目に見えない楽器の奏でる音楽が聞こえ、歌を歌うのもこの世の者ではない。そして姿ある乙女たちは、時の永遠性を喜んで踊る[130]。

日本の茶道は、道教的な地上の楽園の精神で理解できる。「幻想の部屋」と呼ばれる茶室は、詩的直観の瞬間を閉じ込めるために建てられた刹那の建物である。また「無の空間」とも呼ばれ、飾り付けがない。そのときだけ絵を一幅または花を一輪、飾るだけである。茶室は「非対称の部屋」で、その非対称が動きを感じさせ、わざわざ未完成なものにすることで虚空を残し、見る人の想像をかきたてる。

客人は庭の小道を通って茶室まで来ると、低く狭い入り口から身をかがめて中に入る。それから絵や花、湯が沸いて音をたてる茶釜に向かってお辞儀をし、自分の席に座る。茶室の統制された簡素性を背景にした調度が神秘的な美の中で目を引き、静寂には刹那の存在の不思議がある。客人は一人ひとり、自分自身との関係における経験を完結させることができる。

こうして茶会に集まった人々は、小さく模した宇宙を見つめ、神々との隠されたつながりに気づく。

茶道の宗主たちは、この神聖な驚きから成熟の瞬間を得ようとした。そしてその影響は茶室を出て家へ、家からさらに国へと染み出ていく。(131) 長く平和が続いた徳川時代（一六〇三〜一八六八年）、一八五四年にペリー提督がやってくるまで、日本人の生活の仕組みは著しく形式に染まっていたので、微細なものにいたるまで、あらゆるものが永遠を意識的に表現していた。風景そのものが神のいる社《やしろ》だった。同様に、東洋全般、古代世界全般、コロンブス以前のアメリカでも、社会と自然は名状しがたいものを心に見せた。アパッチ族の古老は「植物、岩、火、水、すべて生きている。それらは私たちを見て、私たちが何を必要としているかわかってくれる。私たちが身を守るすべを持たないとわかると、姿を見せて語りかけてくれる」と語った。(132) これは仏教で言うところの「無情の説法」である。

あるヒンドゥー教の行者が聖なるガンジス川の傍らで休もうと横になり、脚をシヴァ神の象徴（リンガム - ヨニ、男根と女陰を合わせた形で、神とその妻の合体を表す）にのせた。そのとき一人の僧侶が通りかかってその様子を見、行者を叱った。「脚をのせるとは、よく

＊　これは「天国の壁」である。134頁および230頁を参照のこと。ここでは私たちはその中にいることになっている。西王母は、庭園を歩く主の女性的側面である。主は自らの姿を真似て男と女を創った。（『創世記』一・二七）。

図36　茶道、無の空間（写真、ジョーゼフ・キャンベル、日本、1958年）

も神の象徴を穢してくれたな」すると行者は「お坊さま、申し訳ありません。もしよろしければ、私の脚を聖なるリンガムがない場所に置いていただけないでしょうか」と言う。僧侶は行者の足首をつかむと、右へ動かした。ところが下におろしたとたんに地面から男根が出てきて、脚は前と同じことになった。僧侶はもう一度脚を動かした。するとまた男根の上に置くことになった。「なんてことだ」僧侶は自分の高慢さを思い知り、休んでいる聖人に深々と頭を下げると去って行った。

菩薩神話の三つ目の不思議は、第一の不思議（両性具有の姿）が第二の不思議（永遠と時間の同一性）を象徴していることである。神々の図像言語で説明するなら、時の世界は偉大なる母の子宮である。父によってその中に芽生えた命は、母の闇と父の

図37　リンガム - ヨニ（石彫刻、ヴェトナム、9世紀頃）

光が合成されたものである。[133] 私たちは母の中に宿り、父から離されて生きる。しかし死んで時の子宮から出ると（つまり、永遠に向けて誕生すると）、父の両手の中に受け止められる。賢人は子宮の中にいても、自分が父から生まれ、父に戻ることがわかっている。真の賢人は、母と父が実質的に同一のものだとわかっている。

これが、ブッダと菩薩を合体したあのチベットの図像（224頁および図32参照）の意味である。そこにはキリスト教の批評家の目にはかなり卑猥なものと映った女性的側面がある。瞑想を補助するこうした像は、昔からの見方の一つによると、女性の形（チベット語でユム）が時を表し、男性の形（チベット語でヤブ）が永遠を表すと考えることができる。二つの合体によって世界が生まれ、その中では万物が、つかの間の存在であると同時に永遠の存在であって、自己を知る男女の形をした神のイメージで作られている。イニシエーションを受ける者は瞑想を通じて、自身の中にある男女（ヤブ‐ユム）の形のうちの、「今の形」を思い出すことになる。また、男性の姿がイニシエーションの原理、方法を象徴すると考えてもいい。その場合女性の姿は、イニシエーションが導く目標を表すことになる。しかしこの目標はニルヴァーナ（永遠）だ。したがって男も女も、交互に時と永遠として心に描かれなければならない。つまり二つは同じで、それぞれが両方を意味し、二元的形（ヤブ‐ユム）は幻想にすぎないのである。とはいえ、幻想も悟りと何ら違わない。

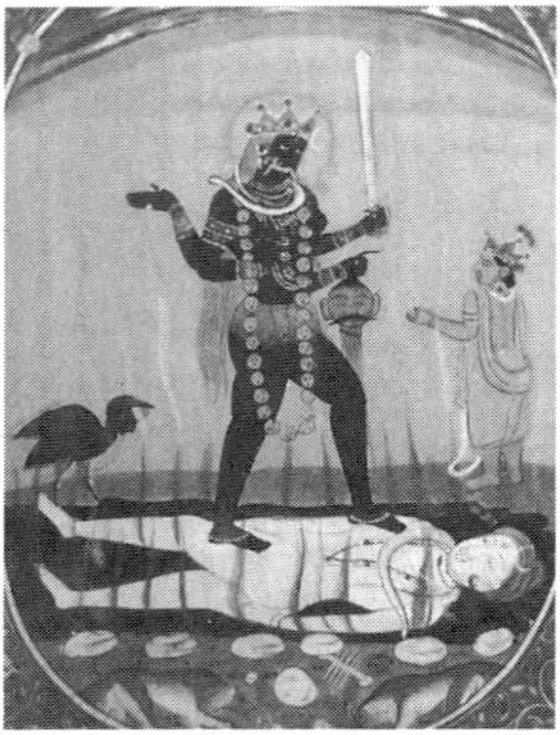

図38　シヴァにまたがる妻カーリー
（ガッシュ画、インド、年代不詳）

ヤブ‐ユムと対照的に、ヒンドゥー教の女神カーリー[134]は夫であるシヴァ神が横たわる上に立っている。ユングが錬金術的な言い回しで「偉大なる結合の神秘 *mysterium coniunctionis*」と呼んだものは、世界じゅうの、特に東洋の神話では標準的なモチーフになっている。ヒンドゥー教の女神カーリーが横になっている夫シヴァ神の上に立つ姿で表されることが多い。カーリーは死の剣を振り回すが、これは精神的戒律を表す。血の滴る人間の頭は、カーリーのために命を失う者は命を与えられるだろう、と信者に示している。「恐れるな」と「恵みを授ける」を表す仕草は、カーリーが自分の子どもたちを守っていることを示し、万人の苦悩となる相反する組み合わせが見かけどおりではなく、永遠の中心にいれば、時間の中にある「良きもの」「悪しきもの」が見せる幻想は心を映したものにすぎない、ということを教えている。女神カーリーがシヴァ神を踏みつけているように見えるが、実はシヴァ神の至福の夢であるように。

「宝石の島」(135)の女神の下にも、神の二つの顔がある。ひとつは女神と融和するように上を向き、創造的でこの世を楽しむ顔である。しかしもうひとつはそっぽを向き、不活性、休止、空虚である事象や変化を超え、両性具有の神秘の驚異すら超えた「隠れたる神 ***deus absconditus***」の本質そのものである。(136)

これは偉大なる逆説を見事に言い得ている。この逆説によって相反する組み合わせを隔てる壁が壊され、イニシエーションを受ける資格のある者は、神を見ることが許されるのである。神は自分の姿を真似て人間を創るときに人間を男と女に分けた。男の右手には男の片割れである稲妻が握られ、左手には女神を象徴する鈴を持つ。稲妻は方法と永遠であり、鈴は

「光に照らされた心」である。鈴の調べは永遠を表す美しい音色で、創造の間ずっと、純粋な心に届き、その中に響いている。[137]

まさに同じ鈴がキリスト教のミサでも響く。神が聖変化の言葉の力で、パンと葡萄酒に下りてきた瞬間である。キリスト教的にこれを読み解くとやはり、「言《ことば》は肉となった *Et Verbum caro factum est*」*、つまり「宝は蓮華にある《オンマニペメフン》」のである。

カーウシータキ・ウパニシャッドの一・四と比較しよう。梵天の世界にやってきた英雄の話である。「馬車を駆っている人が二つの車輪を見下ろすように、英雄は昼と夜を見下ろし、良き行ないと悪しき行ないを見下ろし、すべての相反するものの組み合わせを見下ろす。この者は良き行ないがなく、悪しき行ないもなく、神を知る者。神そのものに向かっている」

この章ではこうして、相反する組み合わせが同等のものになった。

虚空―世界、永遠―時間、涅槃《ニルヴァーナ》―輪廻《サンサーラ》、真理―幻想、悟り―慈悲、神―女神、敵―味方、死―誕生、稲妻―鈴、宝石―蓮華、主体―客体、ヤブ―ユム、陽―陰

これらはすべて
道《タオ》、至高のブッダ、菩薩、生前解脱《ジーヴァン・ムクタ》、肉と化した言葉
である。

＊　イエスがマリアの子宮に宿ったことを祝福する、お告げの祈りの一節。

6　究極の恵み

孤島の王子は金の寝椅子に上がって、六日六晩タバー・ティンタイの眠れる女王と過ごした。そのとき金の車輪に載った寝椅子と車輪は動き続け、寝椅子は夜も昼も止まることなく回り続けた。そして七日目の朝、王子は「そろそろここから出よう」と言った。そして寝椅子から降りて、炎のあがる井戸から水を汲んで三本の瓶に詰めた。金の部屋には、金のテーブルがあり、その上には羊肉の脚とパンがあった。エリン（アイルランドの古称）じゅうの人が一二カ月食べても、羊肉とパンはずっと変わらずそのままの形でテーブルの上にあることになっていた。

王子は座って、腹いっぱいパンと羊肉の脚を食べ、パンも肉も見つけたときのままに残した。そして王子は立ち上がり、三本の瓶を手に取ると、それをずだ袋に入れて、部屋を出ようとした。そのとき、ふとつぶやいた。「眠っている間に誰が来たか、女王にわかってもらえる何かを置いていかないのも、情けない話だ」そこで、エリンの王の息子が孤島の女王と六日六晩、タバー・ティンタイの金の部屋で一緒に過ごし、炎のあがる井戸の水を瓶に三本頂戴し、金のテーブルで食事をした、と手紙を書いた。この手紙を女王の枕の下に置くと、王子は部屋を出て、開けた窓のところに立ち、痩せて小さくてみすぼらしい馬の背に飛び乗って、森を抜け川を渡って無事に帰っていった。[138]

　この話では冒険は難なく成功した。それは英雄が特に優れた人間で、生まれながらの王だということを示す。これは、数々のおとぎ話や人の姿をした神々が登場するすべての神話の特徴である。普通の英雄なら試練と向き合うところを、神に選ばれた者は手間どらせる障害物に遭わず、失敗もしない。井戸は「世界のへそ」であり、炎のあがる水は壊れることのない存在の本質、ぐるぐる回る寝椅子は「世界軸」である。眠れる城は、降りていく意識が夢の中に潜って向かっていく究極の深淵である。そこでは一人ひとりの命がまさに溶けて、未分化のエネルギーになろうとしている。溶けるとは死と言ってもいいだろう。しかし炎がないのも死と言える。料理が尽きないというモチーフは、子どもの頃の空想が元になり、絶え間なく命を与え形を作る宇宙の源の力を象徴し、神々の豪勢な宴が描かれる神話的イメージを、おとぎ話に置き換えたものである。女神に会い、火を盗むという二つの大きな象徴を一緒にすることによって、神話の王国の擬人化された神々の役割が簡潔に明瞭に表される。擬人化された神々は神であること自体が目的ではなく、酒やミルクや食べ物、火、神の恵みを、つまり壊れることのない命を守り、具現化し、または授ける役目を負うのである。

　そのようなイメージは、完全にというわけではないにしても、まず第一に心理的なものだと容易に解釈できる。というのも、幼児の発達の初期段階で、時の変遷を超越した状態を表す「神話学」が始まる兆しを観察することが可能だからだ。こうした始まりの兆候は、母の胸から引き離されるときに子どもを襲う、身体が壊れるという幻想に対する反応として、またそういう幻想に対して思わず身を守ろうとする形で現れる。[139]「子どもは癇癪を起こして反応し、癇癪とともに生じる幻想が母の身体からすべてを引き剝がそうとする。……やがて子どもは、そういう衝動に対する報復を恐れる。自分自身の中からすべてをもっていかれるかもしれない、と[140]」身体の完全性に対する不安や原状回復の幻想、自分の中や外から現れる「悪しき」力にも破壊されない性質とそれからの保護に対する静かで深い要求が精神《プシケ》の形成に向き始める。そしてこういう気持ちがずっと、後の神経症的な、ごく普通のと言ってもいいが、生命活動や精神的な努力、宗教的な信念、そして大人になるための儀礼での決定的な要因になっているのである。

たとえば、すべての未開社会の核である呪医という仕事は、「身体が壊されるという幼児期の幻想に基づいて、一連の防御メカニズムが働いて……生まれる[141]」オーストラリアでは、精霊が呪医の腸を抜き取って、代わりに石や水晶、ロープ、ときには力を授けた小さな蛇を詰めるというのが、基本的な考え方である。[142]

最初の手順は、幻想における解除反応（私の身体の中はすでに壊された）であり、反動形成（私の身体の中には堕落するものや排泄物はない。堕落とは無縁なものや水晶が詰まっている）が続く。二つ目は「体の中に入ろうとするのは私ではなく、病原体を人々に撃ち込む異質の邪術師だ」という投射である。そして三つ目が「私は人々の身体の中を壊そうとはしていない。治そうとしているのだ」という回復である。しかし同時に、大事な身体が兵から引き剝がされたという幻想の元々の要素が、治療の手法に戻り、患者に対して吸引、引き出し、ふき取りを行なうのである(143)。

非破壊性のもうひとつのイメージは、民間伝承で語られる「生霊」という形で表される。今ある身体を失ったり身体が傷ついたりしても苦しむことがなく、はずされて別のところで無事に存在する外付けの魂のことである(144)。ある人食い鬼はこう言った。「俺の死は広い海の上にある。ここからは遠く、見つけることが難しい。その海に島があって、その島に緑に茂るカシの木がある。カシの木の根元に鉄の箱があって、箱の中に小さな籠がある。その籠の中にウサギがいて、ウサギの中にアヒルがいて、アヒルの中に卵がある。その卵を見つけて壊す者は、そのとき俺を殺すことになる(145)」現代の女性実業家が見た夢と比較しよう。

無人島に取り残されていました。そこにはカトリックの神父さまもいました。神父さまは島から島へ板を渡して、人々が渡れるようにしてくれていました。わたしたちは別の島に渡り、そこで一人の女性に、わたしはどこへ行ったのか、と尋ねました。すると、わたしは何人かのダイバーと一緒にダイビングをしていると言うのです。それからわたしは島の奥へ入り、宝物や宝石でいっぱいの泉まで来ました。するともう一人の「わたし」がダイビングスーツで潜っています。わたしは水辺に立って、自分を見下ろしました。[146]

ヒンドゥー教の世界では、海の底にある「太陽の蓮華の地」で自分の生霊を見つけて目覚めさせてくれた人とだけ結婚するという、王さまの娘の素敵な話がある。[147] また、イニシエーションを受けたオーストラリア人は、結婚式のあと、祖父に導かれて聖なる洞窟に行き、そこで寓話的なデザインを彫った小さな木の板を見せられ、「これがお前の身体だ。これとお前は同じもの。他の場所に持っていってはだめだぞ。苦痛を感じることになるからな」と言われる。[148] キリスト生誕以降の数世紀、マニ教とキリスト教グノーシス派の信者たちは、神の祝福を受けた霊が天国に着くと、その霊のために用意された「光の衣」を持った聖人と天使に迎えられる、と説いた。「壊れることのない身体」のために求められる至上の恵みとは、「決してなくならない乳の天国」に誰にも邪魔されずに住むことである。

エルサレムと共に喜び祝い／彼女のゆえに喜び踊れ／彼女を愛するすべての人よ。
彼女と共に喜び楽しめ／彼女のために喪に服していたすべての人よ。
彼女の慰めの乳房から飲んで、飽き足り／豊かな乳房に養われ、喜びを得よ。
主はこう言われる。

図39　魂にパンと水を与えるイシス（エジプト、年代不詳）

> 見よ、わたしは彼女に向けよう／平和を大河のように／国々の栄えを洪水の流れのように。
> あなたたちは乳房に養われ／抱いて運ばれ、膝の上であやされる。[149]

魂と体の糧である心の平安は、「万病に効く」賜物、涸れることのない乳首である。オリンポス山は天上世界に向かってそびえ、神々と英雄たちはそこで神饌《しんせん》（食べると不老不死を得られる食物）を食べる。ヴォータン（北欧神話の主神）の山の神殿では四三万二〇〇〇人もの英雄が、食べても減らない宇宙の豚ザッハリムニルの肉を、メスの山羊ハイドルーンの乳房から流れる乳で流し込んでいく。ちなみに、ハイドルーンは「トネリコの世界樹」ユグドラシルの葉を食べる。エリン（アイルランド）の妖精の丘では、不死のトゥアハ・デ・ダナーン（ケルト神話の神族）がゴブニュ酒を浴びるほど飲みながら、いくら食べても元の形になるマナナン（ケルト神話の神）の豚を食べている。ペルシアでは、生命の樹ガオケレナから蒸留した不老不死の酒ハオマを、神々がハラ・ベレザイティ山の庭で飲む。日本の神々は日本酒、ポリネシアンの神々はアヴェ酒、アステカの神々は男と乙女の血を飲む。そしてヤハウェに救われた者たちは屋上庭園で、楽園に四つある甘い川の酒を飲みながら、ビヒモス、レビヤタン、ジズといった、美味で食べても食べてもなくならない怪物の肉をふるまわれている。(150)

私たちがまだ無意識の中で大事にしている幼児期の幻想が、壊れることのない存在の象徴として、神話やおとぎ話、教会の説教などに現れ続けていることは明らかだ。これは役に立つ。イメージを前にして心は安らぎ、すでに知っていることを思い出すように思えるからである。しかしそういう状況は障害にもなる。感情が象徴に向いたままで、それを超えようとする努力にことごとく激しく抵抗するからである。世界を敬虔な気持ちで満たす大多数の子どもじみた至福の人々と、真に解放された人々との間にある大きな溝は、壊れることのない存在の象徴が崩れて越えることができるようになる境界線で口を開けている。ダンテは「地上の天国」を出るとき、こう書いている。「小さな舟に乗り、歌いながら通り過ぎる私の舟に耳をそばだてて ついてくる者よ。戻って岸をもう一度見よ。深みに向かうな。私を見失えば、迷うことになる。私が漕ぎ出している海は十字を切っていない。ミネルヴァが呼吸し、アポロンが私を導き、九人のミューズが大熊座と小熊座を指し示す(151)」越えると思考が働かず、すべての感覚がまったく利かなくなる境界がここにある。登山鉄道の終点のように、そこから先は歩いて登り、そこへ戻ってきて山の空気は好きだが高さを競おうとは思わない人々と会話を楽しむ——そういう境界である。想像以上の至福を伝える神聖な教義は、幼児期に想像した至福を思い出させるような衣を必ずまとって私たちの前に現れる。したがって物語には見かけ上の幼稚性がある。それゆえ、ただ心理学的に読むだけでは不十分なのである。

出版されている精神分析の文献では、夢に現れる象徴の原型が分析されている。同様にそれらの象徴が無意識に対して持つ隠れた意味や、精神《プシケ》に作用したときどのような結果を引き起こすかも分析されている。しかし偉大な学者たちが意識的に象徴を隠喩として扱うようになった、というさらなる事実は無視されたままである。過去の偉大な学者たちが神経症で（もちろん、ギリシア・ローマの多くの学者を除いて）、まだ批評の対象になっていなかった自分たちの幻想を啓示と取り違えたというのが、暗黙の仮説である。同じように精神分析の啓示は、フロイト博士の「好色な心」の産物だと門外漢たちに思われている。

幼児期の心像に含まれるユーモアは、形而上学的な教義を手際よく神話学的に解釈して形を変えたとき、東洋世界の有名な神話の中でも特によく知られた神話の中に、その洗練された形を見事に見せることになる。不死の酒をめぐる巨大な阿修羅と神々の始源の戦いを描いたのが、ヒンドゥー教の世界の物語である。古代の地上に生きた「亀仙人」カシュヤパは、さらに時代を遡る聖仙で「徳の神」とも呼ばれるダクシャの娘一三人と結婚していた。そのうちの二人、ディティとアディティがそれぞれ阿修羅族と神族を産む。しかしながら阿修羅と神々による家族内の争いは終わることなく続き、そのためにカシュヤパの息子たちの多くが殺された。そこに阿修羅族の高僧が登場する。この高僧は禁欲と瞑想によって、世界の主であるシヴァ神に寵愛された。シヴァ神は高僧に、死者を生き返らせる魔力を授けた。おかげで阿修羅族は有利になり、次の戦いでは神々もすぐに事態を認めるしかなかった。神々はあわてて撤退して皆で相談し、大神ブラフマーとヴィシュヌにお伺いをたてた。

ブラフマー神、ヴィシュヌ神、シヴァ神はそれぞれ、創造の神、維持の神、破壊の神であり、ひとつの創造的実体が働くときに見せる三つの面という意味で、ヒンドゥー教における三位一体を成す。紀元前七世紀以降、ブラフマー神はあまり重要視されなくなり、ヴィシュヌ神の下で創造の役目を負うだけになった。こうして今日のヒンドゥー教は、主として創造・維持のヴィシュヌ神を敬うグループと、魂を永遠と一体化させる世界の破壊神シヴァを敬うグループの二つに大別されている。しかしこの二つは根本的には一つである。ここで紹介する神話では、不老不死の霊薬は、二つのグループが一緒に作業するとき手に入る。

すると兄弟の阿修羅族とは一時休戦をするようにと言われた。その間に阿修羅族を誘い出して、不死の命を育むミルクの大海を攪拌してバターをつくる手伝いをさせる、というのである。これがアムリタ（Amrta のaは否定形、mrta は死すべきものの意）「不死の神酒」である。自分たちのほうが優位に立っていることが認められたと思った阿修羅族は、得意になって誘いに乗り、喜んでミルクの攪拌を手伝った。こうして世界周期の四時代の初めに、画期的な協同の冒険が始まる。マンダラ山が攪拌棒に選ばれた。蛇の王ヴァースキは攪拌棒を回す攪拌紐になることに同意した。ヴィシュヌ神自身も、亀の姿でミルクの大海に潜って、マンダラ山を背中で支えた。神々は蛇の片端を持ち、蛇がマンダラ山にぐるりと巻き付くと、阿修羅族がもう片方の端を持った。こうしてみんなで一〇〇〇年間攪拌した。

海面から最初に現れたのは、黒くて有毒な煙カラクタ、死の力を最高に凝縮した「黒い極点」である。「私を飲め」とカラクタは言った。それを飲める者が見つからなければ、作業は先に進めない。そこで、離れたところに座っていたシヴァ神にお伺いをたてた。堂々たるシヴァ神は、深く内省していた瞑想の姿勢をゆるめて、「ミルクの大海」を攪拌する現場にやってきた。そしてコップに入った死の液体を手に取ると、一息にそれを口に入れ、ヨーガの力で喉で止めた。このとき喉が青くなり、シヴァ神は「青い首」ニーラカンタと呼ばれるようになる。

図40　妃を連れたブラフマー神、ヴィシュヌ神、シヴァ神
（細密画、インド、19世紀初め）

こうして再び攪拌作業が進み、やがて汲めども尽きぬ海から、力が凝縮されて形になった宝のような美しいものが上がってきた。自然界の精霊アプサラス、幸運の女神ラクシュミー、「高いいななき」の乳白の馬ウッチャイヒシュラヴァス、美しい真珠カウストゥバなど、一三点にも及ぶ。最後に上がってきたのは、神々を癒す熟練の医の神ダンヴァンタリで、手には命の神酒《アムリタ》が入った月の壺を持っていた。

この神酒を巡ってただちに激しい争いが起きた。阿修羅族の一人ラーフがひと舐めしようとしたが、神酒が喉を通る前に首を斬られた。首から下は朽ちたが頭だけは死ななかった。だからいまだに天空で月を追いかけ、月を捕まえようとしている。うまく捕まえれば、月（壺）は口に入るが、すぐに喉から外に出る。これが月食の理由である。

神々が不利になると困ると思ったヴィシュヌは、美しい少女に姿を変えて踊った。好色な阿修羅たちが少女の魅力に心を奪われている間、ヴィシュヌはアムリタが入った月の壺を手にし、しばらく壺を見せて阿修羅たちをからかうと、いきなり壺を投げて神々に渡した。その瞬間にヴィシュヌは元の力強い英雄の姿に戻り、神々と一緒になって阿修羅に立ち向かい、地界にある岩山と暗い峡谷へ敵を追い払うのに手を貸した。これで神々は、世界の中心の須弥山《スメール》の頂にある美しい宮殿で、永遠にアムリタを飲めるようになったのである[152]。

ユーモアは真に神話的なものと、文学志向が強く情緒的な神学的傾向とを区別する試金石である。象徴としての神々は、象徴であること自体が目的ではない。神々が見せる愉快な神話は、神々に向けてではなく、神々を超えて心と精神を向こうの虚空に運ぶのである。彼らから見れば、必要以上に重い意味を担わされた神学的教義は、教育的まやかしにすぎない。つまり神学的教義の機能は、具体的な事実や事象が散乱する場から比較的純化された領域に不器用な知性を運ぶことである。この純化された領域では、最後の恵みとして、天上のものであろうと、地上のものであろうと、地獄のものであろうとすべての存在が、一瞬で通り過ぎ繰り返し起こる幼児期の至福と恐れの夢にすぎないものに形を変えるのが見られるだろう。あるチベットのラマが、西洋から来た聡明な訪問者の質問に答えている。「ある観点から見れば、そういう神々はすべて実在するが、別の観点から見れば、現実の存在ではない[153]」これは「この目に見える神々はみな、タントラへの『道』に現れるあらゆるものを表す象徴にすぎない」[154]という、古代の正統な教えである。現代の精神分析の学派が唱える学説も同じである。[155]そして同じ超神学的洞察が、ダンテの『神曲』「天国篇」最後の節でも暗示されている。天啓を受けた旅人がついに勇気を振り絞って目を上げ、至福を授ける「父と子と聖霊」の姿の向こうに「永遠の光」を見るのである。[156]

すると、神々と女神たちは「不滅の存在」という霊薬の化身であり守護者であって、神々自身が最初から「究極の存在」ではない、と理解できる。英雄が神々と霊的に交わる中で探すものは、結局は神々ではなく、神々の恵み、つまり神々が維持する本質的な力である。この奇跡的なエネルギー本体が、そしてこれだけが「不滅の存在」である。あらゆるところで不滅の姿を見せ、不滅を分配し、不滅を表す神々の名前や姿は、現れては消える。これは、ゼウスやヤハウェ、至高のブッダが持つ稲妻の奇跡的なエネルギーであり、[157]ヴィラコチャの雨がもたらす豊穣であり、聖変化のミサで鈴を鳴らして告げる徳であり、聖人と賢人が究極の悟りを開いたときの光である。そしてそれを守る神々は、英雄がそれに値すると認めたときだけ、その力を放つのである。

しかし、神々が厳しすぎたり用心深かったりすることもある。その場合英雄は、神々をだましてその力を手に入れなければならない。プロメテウスの状況がこれにあてはまる。この場合、最高位の神々でさえ命を溜め込む悪意のある人食い鬼として登場し、神々をだまし、殺し、なだめる英雄は、この世の救い主として崇められる。

ポリネシアのマウイは火を守るマフ - イカに挑戦し、宝にしている火を取り上げて人間に与えようと思った。マウイは巨人のマフ‐イカの前に立ち、こう言った。「私たち人間が住む平原から藪を取り払ってほしい。そうすれば互いに正々堂々と戦えるではないか」マウイは偉大な英雄で策略家だった、と言っておく。

マフ‐イカは尋ねた。「どんな技で互いに武勇を示し競おうというのか」

「投げるのはどうだ」とマウイは答えた。

マフ‐イカが賛成したので、マウイはこう訊いた。「どっちから始める？」

「おれからだ」とマフ‐イカは言う。

マウイが同意を示すと、マフ‐イカはマウイをつかんで、宙に投げ上げた。マウイは高く飛んで、マフ‐イカの両手の中にうまく落ちた。そしてまたマフ‐イカがマウイを高く投げ上げ、「投げたぞ、投げたぞ、天まで届け」と歌った。

マウイが高く舞うと、マフ‐イカはこんな呪文を口にした。

一段目まで上がれ
二段目まで上がれ
三段目まで上がれ
四段目まで上がれ
五段目まで上がれ

六段目まで上がれ
七段目まで上がれ
八段目まで上がれ
九段目まで上がれ
一〇段目まで上がれ

　マウイは何度も何度も空中で宙返りをして、やがてマフ‐イカのすぐそばに落ちた。マウイは「面白いことをやるじゃないか」と言った。

「ああ、面白いぞ。お前、クジラを空中に投げ飛ばせるか？」

「やってみようじゃないか」とマウイは答えた。

　そこでマウイはマフ‐イカをつかむと、「投げたぞ、投げたぞ、天まで届け」と歌いながら投げ上げた。

　マフ‐イカが高く舞うと、今度はマウイが呪文を唱えた。

一段目まで上がれ
二段目まで上がれ
三段目まで上がれ
四段目まで上がれ

五段目まで上がれ
六段目まで上がれ
七段目まで上がれ
八段目まで上がれ
九段目まで上がれ
もっともっと上まで上がれ

マフ‐イカは何度も何度も空中で宙返りをして、落ち始めた。そしてもう少しで地面に落ちるというときに、マウイはこんな魔法の言葉を唱えた。「そこまで落ちてきた者よ、頭から落ちよ」

マフ‐イカが落ちた。首の骨が完全につぶれて、死んだ。

英雄マウイはすぐに巨人マフ‐イカの首をつかんで切り落とし、宝の火を自分のものにし、世界じゅうに授けた[158]。

メソポタミアで聖書時代以前に語られた霊薬を探求する話に、ギルガメシュ叙事詩というすばらしいものがある。ギルガメシュはシュメールの都市国家ウルクを治める伝説の王で、「不老草」と呼ばれる不老不死の植物クレソンを求めて旅に出た。山のふもとの丘を守るライオンと天を支える山々を見張るサソリ男を無事にやり過ごすと、王は花や果物や宝石があ

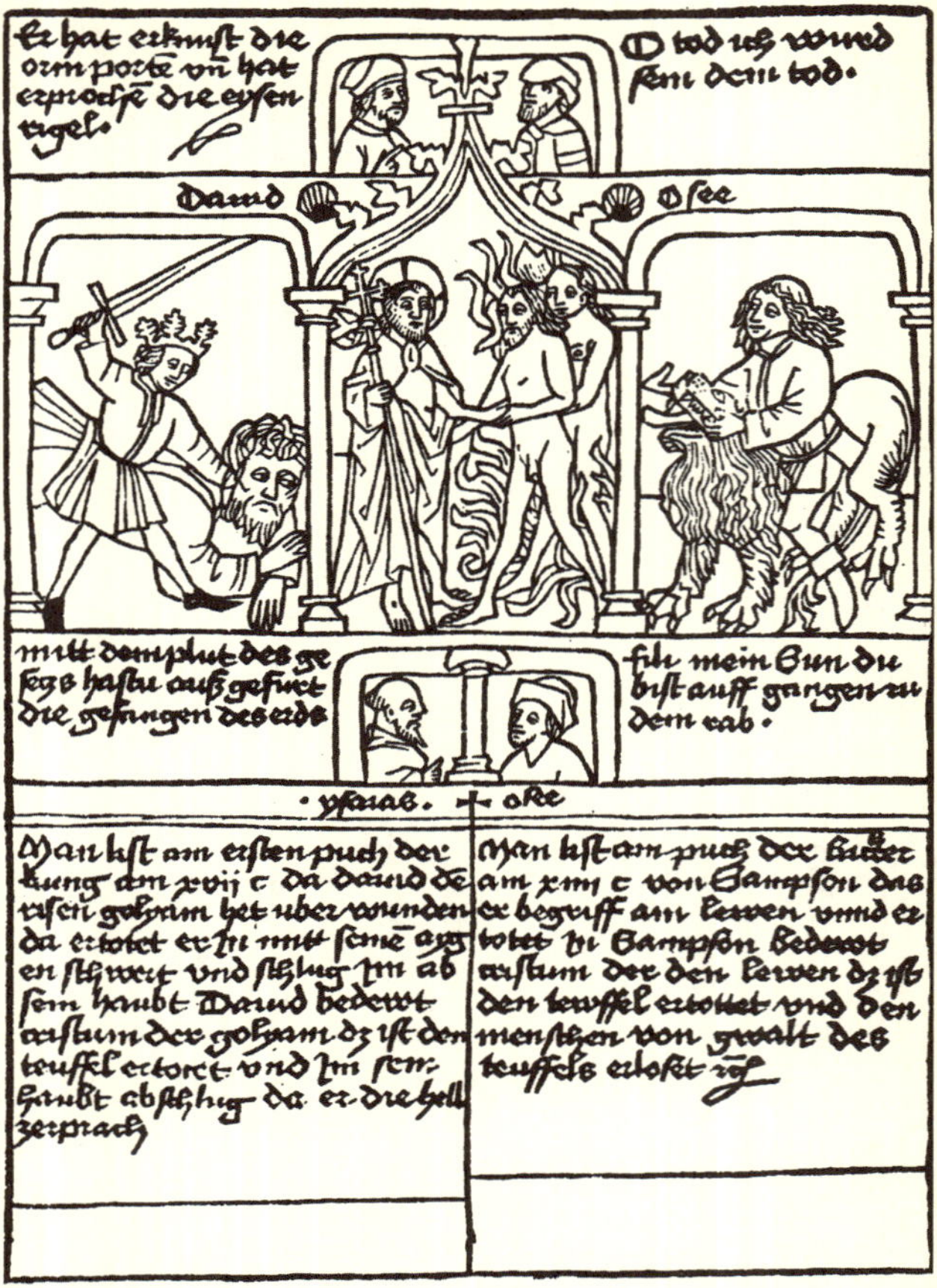

図41　怪物退治——ダビデとゴリアテ、キリストの地獄への降下、サムソンとライオン（彫刻、ドイツ、1471年）

ふれる山の中の楽園にたどり着いた。さらに先へ進むと、世界を囲む海に出た。波打ち際の洞窟には、女神イシュタルの化身、シドゥリ‐サビトゥが住んでいた。この女はしっかりヴェールをかぶり、王が来ても扉を開けなかった。しかし王がここまで来た話をして聞かせると姿を現し、霊薬探しをやめて、浮世の楽しみを知って人生を楽しみなさいと助言した。

ギルガメシュ、なぜこのように走り回る？
あなたが探している命など、ぜったい見つからないだろう。
神々は人間を創ったとき、
　死を与え、命を自らの手に握った。
腹を満たしなさい、ギルガメシュ。
　昼も夜も、楽しみなさい。
毎日、心地よいことを計画しなさい。
昼も夜も、陽気に浮かれ騒ぎなさい。
　衣服をきれいにし、
　頭をきれいに洗い、身体も湯につかりなさい。
あなたの手をとる者を大事にし、
妻を胸に抱いて幸せにしなさい。

この詩句はギルガメシュ叙事詩の標準的なアッシリア語版にはないが、それより以前のバビロニア語の断片のテキストにはある。(159) 女予言者の忠告は快楽主義的だと言われることが多いが、この詩句がイニシエーションの役割を成す試練を表すものであり、古代バビロニア人の倫理を表すものではない、ということに注意したい。同様に数百年後のインドでも、弟子が師匠に近づいて不老不死の秘密について質問すると、最初に生の喜びについて教えられてはぐらかされる。(160) 食い下がってようやく、次のイニシエーションを与えられるのである。

しかしギルガメシュがなおも問うと、シドゥリ - サビトゥは洞窟を通り抜けることを許し、道中の危険について教えてくれた。

まず渡し守のウルシャナピを探すように、と教えた。ギルガメシュはウルシャナピが森で木を切っているのを見つけたが、供の一団がそれを守っていた。そこでギルガメシュは供の一団（「生きることを喜ぶ者たち」「宝石でできた者たち」）を粉々に打ち砕き、渡し守はギルガメシュを死の海の向こうに運ぶことを引き受けた。それはひと月半の旅だった。海の水には触るな、と注意された。

二人が向かっているはるかかなたの土地には、ウトナピシュティムの住まいがあった。始源の大洪水の英雄*で、永遠の平和の中、妻と一緒に暮らしていた。さてウトナピシュティムは小舟が一艘、無限の海から近づいてくるのを遠くから見て、心の中で不思議に思っていた。

どうして舟に乗る「宝石でできた者たち」が打ち負かされ、
私の下僕でない者が舟で来るのだろう?
やってくる者、あれは人ではないのだろうか?

ギルガメシュは陸に上がると、この長老から長く詳しい大洪水の物語を聞かなければならなかった。それからウトナピシュティムは客人に眠るように言い、ギルガメシュは六日間眠った。ウトナピシュティムは妻にパンを七つ焼かせ、舟のそばで眠るギルガメシュの枕元に置かせた。それからギルガメシュに触って起こし、客人にどこか池で水浴びをさせて新しい衣服に着替えさせるよう、渡し守のウルシャナピに言いつけた。すべてが済むと、ウトナピシュティムは例の草の秘密についてギルガメシュに話をした。

ギルガメシュ、お前に秘密を話し、
どうしたらいいか教えよう。
あれは野に咲くイバラのようなもの。

＊　聖書のノアの物語のバビロニア版。

図42　不老不死の枝
(石膏壁パネル、アッシリア、紀元前885～前860年頃)

英雄はこの冒険に出る時、海の水に触ってはいけないと忠告されていた。しかし飛び込んで草を手に入れても大事には至らなかった。これは「永遠の地」の老夫妻を訪れることで得られた力のおかげである。ウトナピシュティムあるいはノアという大洪水の英雄は、元型的父親の姿である。大洪水の英雄が住む土地は「世界のへそ」であり、後のギリシア・ローマ時代の「祝福された土地」の元の姿である。

バラのようなトゲは手に突き刺さるだろう。
しかしあれを手に入れれば、
元の世界に戻れる。

その草は宇宙の海の底に生えていた。

ウルシャナピは英雄を再び海に運んだ。ギルガメシュは足に石を結び付けて海に飛び込んだ。渡し守が舟から見守るなか、忍耐の壁を越えて深く潜る。そしてとてつもなく深い海の底にようやく届くと、草を摘み、そのトゲに手を傷だらけにされながら石を足からはずして、海面を目指して上がっていった。海面に顔を出して渡し守に舟に引き上げられたギルガメシュは、高らかに喜びの声を上げた。

ウルシャナピ、これがあの草……
これで人は活力を満たすことができる。
これを持って羊のように囲われてしまったウルクに戻ろう。
この植物の名は「若返りの草」
これを食べて、昔の自分に戻るとしよう。

二人は海を進んだ。陸に上がると、ギルガメシュは池で水浴びをし、横になって休んだ。ところが眠っている間に蛇が草の芳香につられて一直線にやってきて、草を持っていってしまった。そして草を食べると、その場で脱皮するほどの力を得て若返った。目を覚ましたギルガメシュは立ち上がることもできずに泣き、「その涙は鼻の壁を滴った」[161]。

今日にいたるまで、身体的不老不死の可能性は、人々の心を魅了し続けている。バーナード・ショーの一九二一年作のユートピア劇『メトセラへ帰れ』は、不老不死を現代の社会生物学のたとえ話に改変している。それより四〇〇〇年前には、散文的な思考のファアン・ポンセ・デ・レオンが「ビミニ」の地を探しているうちにフロリダを発見した。ビミニの地で「若返りの泉」を見つけられると考えていたのだ。一方、それよりも何世紀も前に遠く離れた中国の哲学者葛洪《かつこう》が、長い人生の晩年を不死の薬の調合に費やした。葛洪の書によれば、純粋の辰砂《しんしゃ》一・三キロと白蜜四五〇グラムを用意して混ぜ合わせる。混ぜ合わせたものを日に当てて乾燥させる。次にそれを火にかけて炒り、丸薬にする。毎朝、麻の実ほどの大きさの丸薬を一〇粒服用すれば、一年もしないうちに白髪は黒くなり、虫歯は治り、肌はなめらかで生気がみなぎるだろう。老人がこの薬を長きにわたって飲めば若返る。飲み続ければ、永遠の命を生き、死ぬことはないだろう。[162]

ある日、孤独な研究者であり哲学者である友人を訪ねた者があった。しかし見渡せど、あるのは葛洪の衣服のみ。老人は消えてしまった。不老不死の王国に旅立ってしまったのである。[163]

身体的不老不死の研究は、古来の教えを誤解したことから始まっている。むしろ根本的な課題は、瞳孔を開くことである。そうすれば人格をともなった身体が視野を邪魔することはないだろう。そのとき不老不死は目の前にある事実として体験できるのである。「ここにある、ここだ[164]」と言うように。

万物は留まらず、起こり、戻る。植物は花を咲かせるが、やがて根に戻る。根に戻るとは静を求めるのと同じである。静を求めるとは運命に向かうのと同じである。運命に向かうとは永遠と同じである。永遠を知ることは啓蒙であり、永遠を認めなければ無秩序と悪を招く。

図43　菩薩（石、彫刻、カンボジア、12世紀）

永遠を知ることは人の理解を助ける。理解は人の心を広くする。視野が広がれば崇高な心になる。崇高は天上と同じである。
天上的なものは道《タオ》と同じである。道は永遠である。身体が朽ちても恐れることはない。[165]

日本には「金持ちになることばかり祈る人を神さまは笑うだけ」という言葉がある。祈る者に授けられる恵みは、その人の身の丈、その人が特に望む欲望の性質に合わせて決まる。恵みとは、ある特定の場面で望むことに合わせて減っていく生命エネルギーの象徴にすぎない。神に気に入られた英雄は完璧な啓蒙という恵みを願ってもいいのに、つい長生きと隣人を殺す武器と子孫の健康を求めてしまう、という意外な成り行きも当然ある。

ギリシア人はよくミダス王を例に出す。幸運にもバッコスから、望みは何でも叶えようという申し出を勝ち取った話だ。ミダス王は、手に触れるものはすべて金に変わるようにしてほしい、と頼んだ。帰り道、王は試しにカシの木の小枝を折った。すると枝はすぐに金になった。石を手にすると石が金になり、リンゴは手の中で金塊になる。有頂天になったミダス王は、この奇跡を祝う豪勢な宴席を用意させた。しかし王が席について指で肉料理に触れると、肉は肉でなくなった。唇に触れたワインは金の液体になった。そして誰よりも大事に思う小さな娘が、父王を慰めようと近づいてきたとき、抱きしめたとたんに、かわいらしい金の像になってしまった。

自分の限界を突破しようとする時の苦悩は精神的な成長にともなう苦悩である。芸術、文学、神話や儀式、哲学、苦行僧のような規律は、その人の限界となる水平線を越えて、ずっと広がり続ける認識の世界へ入るのを助ける道具だ。境界を次々と越え、龍を次々と退治するにつれて、最高の願いのために呼び出された神の背はどんどん伸び、宇宙まで呑み込んでしまう。最後には心が宇宙の境界となる領域を壊して、形あるもののすべての経験——象徴も神も——を超越する認識に至る。避けられない虚空を理解するのである。

だから、ダンテが精神の冒険で最後の一歩を踏み出し、「天上のバラ」で三位一体の神が象徴的な至高の姿になって現れたところにやってきたとき、「父と子と聖霊」の形を超えてさえも、さらにもう一つ、光を経験しなければならなかった。ダンテはこう書いている。

「ベルナルドゥスは、上を見るようにと私に合図をして微笑んだ。しかし私は、すでに、ベルナルドゥスが望むようにしていた。なぜならば視界がしだいにはっきりしてきて、『それ』自体が、真実である天上の光の輝く中へ入っていくからだ。すると、私が見たものは言葉よりも大きかった。言葉で表せず、どんな記憶もかなわないほど[166]」

「目も言葉も心も役に立たない。『それ』が何なのかわからない。人にどう伝えたらいいか、わからない。自分の知っていることの、どれとも違う。未知を超えている[167]」

これは英雄だけでなく英雄が信じる神も苦しむ、至高で究極の磔刑だ。このとき「子」と「父」は、名もなき者にかぶせた人格を表す面のように、どちらも同じように消滅する。なぜなら、夢の産物が夢を見る者の生命エネルギーから引き出されて、元は一つの力にすぎなかったものが流れるように割れたり複雑化したりしたことを示すように、地上でも天上でも、すべての世界のすべての形あるものが、たった一つの解けない謎である宇宙的な力、つまり原子を構成し星の軌道をコントロールする力を映し出すからだ。

その命の源が一人ひとりの核であり、自分を覆うものを取り除けば、自分の中に核を見つけることができる。ゲルマンの異教の神オーディン（ヴォータン）は、この無限の闇にある知を得ようとして光のヴェールを裂いたために目を失い、そのために磔の受難に耐えることになった。

私は風に揺れる木に吊り下げられていたようだ。
まるまる九日間吊り下げられていたらしい。
私は槍で傷つけられ、オーディンに捧げられた。
自分を自分自身に。
どんな根が這っているか、
誰も知らないであろう木に吊り下げられて。(168)

菩提樹の下でブッダが収めた勝利は、同様の偉業の東洋における古典的な事件である。ブッダは心の剣で宇宙という泡を突き、宇宙はつぶれて無になった。自然な経験の世界全体が、伝統的宗教信仰における大地（四州）、天国、地獄もろとも吹き飛び、神々も悪魔も消えた。

しかし奇跡中の奇跡は、すべてが吹き飛んだにもかかわらず、それでもすべてがそこから新たに生まれ、新たに命を与えられ、真の存在の輝きで栄光を取り戻したことである。たしかに、回復した天上の神々は、神々を通り抜けて神々の命であり源である虚空へ向かった人間の英雄について、声をそろえて喝采をあげている。

世界の東の端に立てられた旗やのぼりは、世界の西の端にまでたなびいた。そして世界の西の端に立てられたものは、同じように世界の東の端にまでたなびく。世界の北の端に立てられたものは、世界の南の端にまで、世界の南の端に立てられたものは、世界の北の端にまでたなびく。地上に立てられた旗やのぼりは、梵天の世界を打つほどにたなびき、梵天の世界に立てられたものは、地上にまで届いた。一万世界では花咲く木という木が花をつけ、実をつける木は果実の重さでたわんだ。幹の蓮は木の幹に咲き、枝の蓮は木の枝に咲き、蔓の蓮は蔓に咲き、垂れ下がる蓮は空に咲き、茎の蓮は岩を突き破って七つずつ花を咲かせた。一万世界の在り様は、宙をくるくると舞う花束や、花が敷き詰められた厚い絨毯のようだった。この世とあの世の間には、八〇〇〇リーグ（約三万八〇〇〇キロメートル）もの長さの地獄があるが、以前は七つの太陽でさえ光を届けられなかったのに、今では光に満ちていた。八万四〇〇〇リーグ（約四〇万三〇〇〇キロメートル）もの深さの海は甘くなった。川は流れを緩やかにした。生まれつき目の見えなかった者は視力を得、生まれつき耳の聞こえなかった者は聴力を得た。生まれつ

き手足の不自由だった者は、手足が自由に動くようになり、囚われ人の手かせ足かせは壊れてはずれた。(169)

謝辞

本書は、ジョーゼフ・キャンベル全集（編集責任者ロバート・ウォルター／編集長デイヴィッド・クドラー）のためにジョーゼフ・キャンベル財団（ＪＣＦ）によってまとめられた。原注のうち「Ed.」とあるものは、ＪＣＦの編集者によるものである。

ニュー・ワールド・ライブラリー（New World Library）社ではジェイソン・ガードナーが編集を担当した。

図版および引用は、著作権の保護期間が終了しているものをのぞいて、すべて著作権者の許諾を得た。詳しくは原注および図版リストを参照されたい。

図版に関する調査は、サーブラ・ムーア、ダイアナ・ブラウン、およびＪＣＦの職員が担当した。

図版リスト

図1　メデューサ（大理石彫刻、古代ローマ、イタリア、年代不詳）――ローマ、ロンダニーニ宮殿にあったものをグリュプトテーク（ミュンヘン）が収蔵。写真はH. Brunn and F. Bruckmann, *Denkmäler griechischer und römischer Sculptur*, Verlagsanstalt für Kunst und Wissenschaft, Munich, 1888-1932より。

図2　宇宙の夢を見るヴィシュヌ（石造彫刻、インド、400～700年頃）――中央インド、デーヴガルのダシャーヴァターラ寺院（10の化身の寺）。Archeological Survey of India, courtesy of Mrs. A. K. Coomaraswamy.

図3　シレーニとマイナス（墨絵の壺、古代ギリシア、シチリア、紀元前500～前450年頃）――シチリア島ジェーラの墓地から出土。*Monumenti Antichi, pubblicati per cura della Reale Accademia dei Lincei,* vol. XVII, Milan, 1907, plateXVII.

図4　ミノタウロスの闘い（赤絵、広口瓶クラテール、ギリシア、紀元前470年頃）――ミノタウロスを短剣で退治するテセウス。花瓶画ではこのように短剣を手にした図柄が描かれることが多い。神話ではテセウスは素手で闘ったとされている。*Collection des vases grecs de M. le Comte de Lamberg, expliquiée et publiée par Alexandre de la Borde*, Paris, 1813, plate XXX.

図5　神道の火の儀式（ジョーゼフ・キャンベル撮影、日本、1956年）――［1956年5月21日、キャンベルは京都で山伏の儀式に参加した。詳しくはジョーゼフ・キャンベルの以下の著作を参照。*Sake and Satori: Asian Journals—Japan*, Novato, CA: New World Library, 2002, pp. 119-126. ――Ed.］© Joseph Campbell Foundation (www. jcf.org).

図6　怪物使い（象嵌とラピスラズリ、シュメール、イラク、紀元前2650～前2400年頃）――中央がギルガメシュだと推定される。［装飾をほどこしたリラ（弦楽器）の共鳴胴に象嵌されている。レナード・ウーリーによる「ウルの王宮墓地」の発掘によって発見された――Ed.］
Courtesy of the University of Pennsylvania Museum of Archaeology and Anthropology, Philadelphia.

図7　菩提樹の下のブッダ（片岩彫刻、インド、9世紀後期～10世紀初め

頃）――ビハール州ガヤー。the Nasli and Alice Heeramaneck Collection. Courtesy of the Los Angeles County Museum of Art.

図8　世界樹ユグドラシル（エッチング、スカンディナビア、19世紀初め）――Richard Folkard, *Plant Lore, Legends and Lyrics* (c. 1844). Finnur Magnusson, "The World Tree of the Edda," *Eddalàeren og dens Oprindelse, book III* (1825).

図9　オムパロス（金の薬瓶、トラキア、ブルガリア、紀元前4～前3世紀）――いわゆる「パナギュリシテ財宝」の一部。考古学博物館（プロヴディフ、ブルガリア）。© Erich Lessing/Art Resource, NY.

図10　キューピッド（クピド）の庭に入るプシュケ（油絵、イギリス、1903年）――ジョン・ウィリアム・ウォーターハウス（1849～1917年）。© Harris Museum and Art Gallery, Preston, Lancashire, UK. The Bridgeman Art Library.

図11　牛の形をしたアピス。死んだオシリスを冥界へ運んでいる（木造彫刻、エジプト、紀元前700～前650年頃）――大英博物館蔵のエジプトの棺より。［本書の初版でキャンベルは、バッジの見解にしたがい、牛がオシリスだと間違った記述をしていた。アピスはハトホルの子であり、死後の旅に出たばかりの死者を守護した。エジンバラ大学のダイアナ・ブラウンによると、「この図像の上部の絵柄は上エジプトのハスと下エジプトのパピルスを示し、ふたつの土地の統合を象徴している。牛が立っている波状の線は水を表す。古代エジプトでは、空（ヌート）には水が広がっていると考えられていた。したがってこの図像は、オシリスを空に運ぶアピスを表す。聖牛アピスは創造力・再生力と同一視され、その力によって死者は超自然的存在であるオシリスへと姿を変える」――Ed.］E. A. Wallis Budge, *Osiris and the Egyptian Resurrection*, London: Philip Lee Warner; New York: G. P. Putnam's Sons, 1911, vol. I, p. 13.

図12　タカの姿をしたイシスが冥界のオシリスと交わる場面（石造彫刻、エジプト、プトレマイオス朝、1世紀頃）――イシスがホルスを身ごもった瞬間。ホルスは父親の復活の際に重要な役割を担うことになる（本書下巻図47と比較せよ）。デンデラ神殿複合体のオシリスの祠堂の壁に掘られた一連の浅浮彫り（ホルスを讃えるためにデンデラで毎年行なわれた秘義を図解）より。E. A. Wallis Budge, *Osiris and the Egyptian Resurrection*, London: Philip Lee Warner; New York: G. P. Putnam's Sons, 1911, vol. II, p. 28.

図13　アポロンとダプネー（彫刻、大理石、コプト美術、エジプト、5世

紀）――ラヴェンナ国立博物館（イタリア）。© Scala/Art Resource, NY.

図14　潰す岩、切り刻む葦（砂絵、ナヴァホ族、北アメリカ、1943年）――［左の魔法の羽に注目。小さな黒い長方形は、危難を乗り越える双子を示す。―― Ed.］ジェフ・キングの砂絵を複製。Maude Oakes and Joseph Campbell, *Where the Two Came to the Father: A Navaho War Ceremonial,* Bollingen Series, Pantheon Books, 1943, plate III より。

図15　ダンテを導くウェルギリウス（上質皮紙、印刷、イタリア、14世紀）――フクロウがとまっている要塞に入るダンテとウェルギリウス。ダンテ・アリギエーリ（1265～1321年）著『神曲』の「地獄篇」より。©Musee Conde, Chantilly, France. Giraudon/The Bridgeman Art Library.

図16　オデュッセウスとシレーニたち（部分、多色刷り、細首の壺、ギリシア、紀元前5世紀）――アテネ国立考古学博物館蔵。Eugénie Sellers, "Three Attic Lekythoi from Eretria," *Journal of Hellenic Studies*, vol. XIII, 1892, plate I.

図17　雷の槍を持つ太陽神バール（石灰岩石碑、アッシリア、紀元前15～前13世紀）――ラスシャムラ（古代都市ウガリトの遺跡）の城砦で見つかった。© Musée du Louvre. The Bridgeman Art Library.

図18　我が子を食らうサトゥルヌス（部分、石膏油彩、キャンバス、スペイン、1819年）――フランシスコ・ホセ・デ・ゴヤ・イ・ルシエンテス（1746～1828年）。プラド美術館（マドリード、スペイン）。© Erich Lessing/Art Resource, NY.

図19　金剛力士像（木造彩色、日本、1203年）、運慶（1223年没）。――金剛力士（ヴァジラパーニ「雷を操る神」）、東大寺南大門（奈良県）。

図20　イアソンの帰還（赤絵、萼型壺、エトルリア、イタリア、紀元前470年頃）――チェルヴェテリで見つかった花瓶（伝デウリ）。現在はバチカン美術館エトルリア・コレクション（バチカン市国）蔵（写真：D. Anderson）。イアソンのこの冒険は文学的伝統においては描かれていない。「花瓶の絵の作者は、龍の殺害者が龍の子孫だという奇妙な考えにとらわれていたようだ。子孫が龍の口から生まれようとしている」(Jane Harrison, *Themis: A Study of the Social Origins of Greek Religion*, 2nd rev. ed., Cambridge: Cambridge University Press, 1927, p. 435). 木には金の羊皮、女神アテナの手にはフクロウが見える。ゴルゴネイオンが描かれた神盾に注目（図1と比較せよ）。

図21　聖アントニウスの誘惑（銅版彫刻、ドイツ、1470年頃）――マルティン・ショーンガウアー（1448～1491年頃）。© The Trustees of the

British Museum.

図22　プシュケとカローン（油彩、キャンバス、イギリス、1873年頃）——ジョン・ロダム・スペンサー・スタナップ（1829～1908年）。個人蔵。Roy Miles Fine Paintings. © The Bridgeman Art Library.

図23　神々の母（木彫り、エグバ-ヨルバ族、ナイジェリア、年代不詳）——オドゥドゥア。ひざに抱えているのは幼いオグン（戦争と鉄の神）。オグンの供物は犬。人間の姿の従者がドラムを演奏している。ホーニマン博物館（ロンドン）。写真はMichael E. Sadler,　*Arts of West Africa*, International Institute of African Languages and Cultures, Oxford Press, London: Humphrey Milford, 1935より。

図24　ディアナとアクタイオン（大理石メトープ、古代ギリシア、シチリア、紀元前460年頃）——犬に食われるアクタイオンと、それを見るディアナ。シチリア島セリヌスのE神殿の壁面。考古学博物館（パレルモ、シチリア）。© Scala/Art Resource, NY.

図25　貪り食うカーリー（木彫り、ネパール、18～19世紀）——ヴィクトリア&アルバート美術館（ロンドン）。

図26　開く聖母マリア（多色彩、木造、フランス、15世紀）——©Musée National du Moyen Age et des Thermes de Cluny, Paris. Giraudon/The Bridgeman Art Library.

図27　天地創造（部分、フレスコ画、イタリア、1508～1512年）——ミケランジェロ・ブオナローティ（1475-1564年）ローマ、システィーナ礼拝堂「太陽と月の創造」（修復後）。バチカン美術館（バチカン市国）。© Erich Lessing/Art Resource, NY.

図28　シヴァ神、宇宙の踊りの神（青銅鋳物、インド、10～12世紀頃）——マドラス美術館（チェンナイ、インド）。Auguste Rodin, Ananda Coomaraswamy, E. B. Havell, Victor Goloubeu,　*Sculptures Çivaïtes de l'Inde*, Ars Asiatica III. Brussels and Paris: G. van Oest et Cie., 1921の写真より。

図29　パエトンの墜落（インク、羊皮紙、イタリア、1533年）——ミケランジェロ・ブオナローティ。［ワシに乗ったユピテル（上）が、太陽神の馬車に乗りたいと言ったアポロンの息子パエトンに雷霆《らいてい》を放つ場面。ユピテルは地球を救うためにパエトンを撃ち落とす。ヘリアデス（太陽神の娘たち）は嘆き続けるうちにポプラの木と化した。パエトンが落ちた川の神エリダヌス（ポー川）が横たわっている。オウィディウスの*Metamorphoses*（『変身物語』）より。——Ed.］© The British Museum.

図30　邪術師（壁画、旧石器時代、フランス、紀元前1万年頃）――呪術師が描かれた絵として最も古いものとされている。紀元前1万年頃（オーリニャック文化期からマドレーヌ文化期）。フランスのアリエージュ県にあるトロワ・フレール洞穴の壁画。Joseph Cambell, *The Flight of the Wild Gander* , Novato, CA: New World Library, 2002, Fig. 5.

図31　涙を流す万物の父ヴィラコチャ（銅、先インカ期、アルゼンチン、650～750年頃）――アルゼンチン北西部カタマルカのアンダルガダで発見された飾り板。先インカ期のヴィラコチャ神を表していると考えられている。頭上に太陽円盤、手に雷霆を持ち、目から涙を流している。両肩にいるのはおそらく、ヴィラコチャの息子で父親の使者を務めたイマーマナとトカポ（動物の形で表現されている）。Photo from *The Proceedings of the International Congress of Americanists*, vol. XII, Paris, 1902.

図32　菩薩（曼陀羅、チベット、19世紀）――ウシュニーシャシタータパトラーとして知られるこの菩薩は、多数のブッダと菩薩に囲まれている。さまざまな領域への影響力を象徴する117の頭部を持ち、左手に「世界傘（世界軸《アクシス・ムンディ》）、右手に法輪を持つ。何本もの神聖な足元には、悟りを得ようと世界じゅうから集まった人々が立っている。さらにその下には三体の「怒れる」神が描かれ、その足元にはいまだ情欲、恨み、迷いに取り憑かれた人々が横たわる。上部の両隅に描かれた太陽と月は、涅槃と現世、永遠と時間の融合ないしは一体化の奇跡を象徴している（本書240頁以下を参照）。また、中央最上部にいるラマたちは、この掛幅装の仏画において象徴されている教義を説く、チベット正統派の教師たちを表している。Courtesy of the American Museum of Natural History, New York City.

図33　観音または観世音菩薩（木造彩色、中国、11～13世紀）――Courtesy of the Metropolitan Museum of Art, New York.

図34　両性具有の祖先（木彫、マリ、20世紀）――フランス領スーダン［現在のマリ共和国―― Ed.］、バンディアガラ地区の木彫。Collection of Laura Harden, New York City. Photo by Walker Evans, courtesy of the Museum of Modern Art, New York City.

図35　達磨（絹に彩色、日本、16世紀）――日本では達磨として知られる菩提達磨（532年頃没）はインドで生まれ、中国禅宗の祖として知られるようになった。壁に向かって9年間座禅を続け、手足を失ったとされる。禅は13世紀に日本に伝えられた。それ以降、日本の禅僧は悟りを開

くためにに筆で達磨図を描くようになった。© The British Museum.

図 36　茶道、無の空間。（写真、ジョーゼフ・キャンベル、日本、1958 年）――［茶を点てる芸者と付き人（東京）。キャンベルは国際宗教学宗教史会議に出席した際、茶席でもてなしを受けた。――Ed.］© Joseph Campbell Foundation.

図 37　リンガム - ヨニ（石彫刻、ヴェトナム、9 世紀頃）――ヴェトナム、ラムドン省、カッディエン国立公園内で出土。

図 38　シヴァにまたがる妻カーリー（ガッシュ画、インド、年代不詳）――個人蔵。

図 39　魂にパンと水を与えるイシス（エジプト、年代不詳）―― E. A. Wallis Budge, *Osiris and the Egyptian Resurrection,* London: Philip Lee Warner; New York: G. P. Putnam's Sons, 1911, vol. II, p. 134.

図 40　妃を連れたブラフマー神、ヴィシュヌ神、シヴァ神（細密画、インド、19 世紀初め）――ヒンドゥー教の三大神、ブラフマー、ヴィシュヌ、シヴァと、それぞれの神妃サラスヴァティー、ラクシュミー、パールヴァティー。カンパニー・スクール、南インド（マドラス、19 世紀初頭、ただし 1828 年以前）。ヴィクトリア＆アルバート博物館（ロンドン）。© Art Resource, NY.

図 41　怪物退治――ダビデとゴリアテ、キリストの地獄への降下、サムソンとライオン（彫刻、ドイツ、1471 年）―― 15 世紀の版画集『貧者の聖書（*Biblia Pauperum*）』ドイツ語版（1471 年）より。イエスの生涯を預言する旧約聖書の場面（図 50 と比較せよ）。ワイマールの Gesellschaft der Bibliophilen 版（1906 年）。

図 42　不老不死の枝（石膏壁パネル、アッシリア、紀元前 885 ～前 860 年頃）――古代都市カルフ（現在のニムルード）、アッシュールナツィルパル 2 世の宮殿の壁画より。Courtesy of the Metropolitan Museum of Art, New York City.

図 43　菩薩（石、彫刻、カンボジア、12 世紀）――アンコール遺跡からの出土品。頭部に冠飾をつけたブッダは菩薩を表す（図 32 および 33 と比較せよ。図 32 ではブッダが頭部のピラミッドの頂上に座している）。ギメ東洋美術館（パリ）。Photo from *Angkor,* éditions "Tel," Paris, 1935.

原　注

一九四九年版序文

1　Sigmund Freud, *The Future of an Illusion* (translated by James Strachey et al., Standard Edition, XXI; London: Hogarth Press, 1961) , pp. 44-45. (Orig. 1927.)（『幻想の未来』）
2　リグヴェーダ：1. 164. 46.

プロローグ　モノミス——神話の原形

1　Clement Wood, *Dreams: Their Meaning and Practical Application* (New York: Greenberg, 1931) , p. 124.「地元の新聞各紙に毎日記事を書いている関係で、毎週分析のために何千という夢が寄せられるが、この本に載せた夢は、主としてそこから引用している。さらに診察で分析した夢も補足した」(p. viii) このテーマで書かれた標準的な作品に掲載されている夢とは対照的に、こうしたフロイトへの一般的な導入で使われる夢は、分析の対象になっていない人の夢である。それらはまったく独創的である。
2　Géza Róheim, *The Origin and Function of Culture*（(Nervous and Mental Disease Monographs, No. 69, New York, 1943) , pp. 17-25.（『文化の起源と機能』）
3　D. T. Burlingham, "Die Einfühlung des Kleinkindes in die Mutter," *Imago*, XXI, p. 429; Géza Róheim, *War, Crime and the Covenant* (*Journal of Clinical Psychopathology, Monograph Series,* No. 1, Monticello, NY, 1945) , p. 1からの引用。
4　Róheim, *War, Crime and the Covenant* , p. 3.
5　Freud, *The Interpretation of Dreams* (translated by James Strachey, Standard Edition, IV; London: The Hogarth Press, 1953) , p. 262. (Orig. 1900.)（『夢解釈』）
6　Freud, *Three Essays on the Theory of Sexuality* , III: "The Transformations of Puberty" (translated by James Strachey, Standard Edition, VII; London:

The Hogarth Press, 1953) , p. 208. (Orig. 1905.)（『性欲論三編』「思春期の転換」）

7　Sophocles, *Oedipus Tyrannus* , pp. 981-83.（『オイディプス王』）

8　Wood, 前掲書 pp. 92-93.

9　A. van Gennep, *Les rites de passage* (Paris, 1909).

10　Róheim, *The Eternal Ones of the Dream* (New York: International Universities Press, 1945) , p. 178.

11　C. G. Jung, *Symbols of Transformation* (translated by R. F. C. Hull, *Collected Works*, vol. 5, New York and London, 2nd ed., 1967) , par. 585. (Orig. 1911-12, *Wandlungen und Symbole der Libido* , translated by Beatrice M. Hinkle as *Psychology of the Unconscious*, 1916. Revised by Jung, 1952.)（『転換の象徴』）

12　Harold Peake and Herbert John Fleure, *The Way of the Sea and Merchant Venturers in Bronze* (New Haven, CT: Yale University Press, 1929 and 1931).

13　Leo Frobenius, *Das unbekannte Afrika* (Munich: Oskar Beck, 1923) , pp. 10-11

14　Ovid, *Metamorphoses*, VIII, 132 ff. ; IX, 736 ff.（『変身物語』）

15　T. S. Eliot, *The Waste Land* (New York: Harcourt, Brace and Company; London: Faber and Faber, 1922) , pp. 340-45.（『荒地』）

16　Arnold J. Toynbee, *A Study of History* (Oxford University Press, 1934) , vol. VI, pp. 169-75.（『歴史の研究』）

17　「神話の構成要素であり、同時に無意識発祥の自然発生的で独特な産物として、地球上のほとんどどこでも起こる集合体的本質を持った形またはイメージ」(C. G. Jung, *Psychology and Religion*[Collected Works, vol. II; New York and London, 1958], par. 88. Orig. written in English, 1937.（『心理学と宗教』）また、*Psychological Types*, index. も参照）

18　Jung, *Psychology and Religion* , par. 89.

19　Friedrich Nietzsche, *Human, All Too Human*,（『人間的な、あまりにも人間的な』）vol. I, p. 13; *Psychology and Religion*, par. 89, n. 17. でユングが引用。

20　Adolph Bastian, *Ethnische Elementargedanken in der Lehre vom Menschen* , Berlin, 1895, vol. I, p. ix.

21　Franz Boas, *The Mind of Primitive Man* (1911) , pp. 104, 155, 228.

22　James G. Frazer, *The Golden Bough*, one-volume edition, p. 386.（『金枝篇』）Copyright 1922 by the Macmillan Company and used with their

permission.

23　Freud, *The Interpretation of Dreams* , translated by James Strachey, Standard Edition, V, pp. 350-51.（『夢解釈』）

24　Jung, *Psychology and Religion*, par. 89.

25　これは、オーストラリアのアランダ族の言葉 ***altjiranga mitjina*** をゲザ・ローハイムが訳したもの。***altjiranga nakala***（先祖がいた）と呼ばれた時代に地球上をさまよった神話上の先祖たちを表す。***altjira*** は、(a)夢、(b)先祖、夢に現れる者、(c)物語、という意味（Géza Róheim, *The Eternal Ones of the Dream*, pp. 210-11).

26　Frederick Pierce, *Dreams and Personality* (Copyright 1931 by D. Appleton and Co., publishers) , pp. 108-9.

27　地獄の門に書かれた言葉

Per me si va nella citta dolente,
Per me si va nell' eterno dolore,
Per me si va tra la Perduta Gente.
——ダンテ『神曲　地獄篇』III, 1-3.

Charles Eliot Norton, *The Divine Comedy of Dante Alighieri* (Boston and New York: Houghton Mifflin Company, 1902).

28　『カタ・ウパニシャッド』3-14.（特に明記しないかぎり、Robert Ernest Hume の *The Thirteen Principal Upanishads, Translated from the Sanskrit,* Oxford University Press, 1931. より引用）ウパニシャッド文献は、人間の本質と宇宙について記したヒンドゥー教の文献の一群で、正統な伝統的思索の後半部分を形成する。最も古いものは紀元前 8 世紀頃。

29　James Joyce, *A Portrait of the Artist as a Young Man* (New York: The Modern Library; Random House, Inc.) , p. 239.（『若き日の芸術家の肖像』）

30　Aristotle, *On the Art of Poetry* (translated by Ingram Bywater, with a preface by Gilbert Murray, Oxford University Press, 1920) , pp. 14-16.（『詩学』）

31　Robinson Jeffers, *Roan Stallion* (New York: Horace Liveright, 1925) , p. 20.

32　Euripides, *Bacchae*, p. 1017 (translated by Gilbert Murray).（『バッコスの信女』）

33　Euripides, *The Cretans*, frg. 475, ap. Porphyry, *De abstinentia*, IV, p. 19, trans. Gilbert Murray. 詩句についての議論は、Jane Harrison, *Prolegomena to a Study of Greek Religion* (3rd edition, Cambridge University Press, 1992)

, pp. 478-500 を参照のこと。

34 Ovid, *Metamorphoses*, XV, 165-67, 184-85 (translation by Frank Justus Miller, the Loeb Classical Library).（『変身物語』）

35 『バガヴァッド・ギータ』2:18 (translation by Swami Nikhilananda, New York, 1944).

36 「モノミス（monomyth）」という単語はジェイムズ・ジョイスの *Finnegans Wake* (New York: Viking Press, Inc., 1939) , p. 581.（『フィネガンズ・ウェイク』）より。

37 Virgil, *Aeneid* , VI, p. 892.（『アイネイアス』）

38 *Jataka*（『ジャータカ』）の序章 i, pp. 58-75 (translated by Henry Clarke Warren, *Buddhism in Translations* [Harvard Oriental Series 3], [Cambridge, MA: Harvard University Press, 1896], pp. 56-87)、およびアナンダ・K・クーマラスワミーの訳による *Lalitavistara*（『ラリタ・ヴィスタラ』）、*Buddha and the Gospel of Buddhism* (New York: G. P. Putnam's Sons, 1916) , pp. 24-38. から要約。

39 『出エジプト記』19:3-5.

40 Louis Ginzberg, *The Legends of the Jews* (Philadelphia: The Jewish Publication Society of America, 1911) , vol. III, pp. 90-94.

41 本書では、この状況について歴史的な議論はしない。現在準備中の著作で触れることにする [*The Masks of God* —— Ed.（『神の仮面』、青土社）]。本書は起源論ではなく比較論である。賢人が語ってきた解釈や実際的教訓と同じように、神話そのものにも本質的に類似するものがある、ということを示すのが目的である。

42 Dom Ansgar Nelson, による訳。O.S.B., in *The Soul Afire* (New York: Pantheon Books, 1944) , p. 303.

43 Epiphanius, *Adversus haereses* , xxvi, 3. より引用。

44 p. 56 参照。

45 悟りを開いたのちの第五の週にブッダを守った蛇のこと。p. 60 参照。

46 Alice C. Fletcher, *The Hako: A Pawnee Ceremony* (Twenty-second Annual Report, Bureau of American Ethnology, part 2; Washington, DC, 1904) , PP. 243-44. 儀式で祀られる神々について、ポーニー族の高位の祭司がフレッチャーに説明したところによると、「世界が創造されたとき、神々の力は小さくするべきだ、と決められた。偉大なる神ティラワ・アティウスは人間に近づくことも、人間が見たり触れたりすることもあり得なかった。だから弱い力でよかったのである。神々は人間とティラワをつなぐ

のが役目だった」(同上 p. 27).

47　Ananda K. Coomaraswamy, "Symbolism of the Dome" *The Indian Historical Quarterly* vol. XIV, No. I (March 1938) を参照のこと。

48　『ヨハネによる福音書』6:55.

49　『ヨハネによる福音書』10:9.

50　『ヨハネによる福音書』6:56.

51　『コーラン』5:108.

52　Heraclitus（断片）102.

53　Heraclitus（断片）46.

54　William Blake, *The Marriage of Heaven and Hell*, "Proverbs of Hell."（『天国と地獄の結婚』「地獄の格言」）

55　Frobenius, *Und Afrika sprach* (Berlin: Vita, Deutsches Verlagshaus, 1912) , pp. 243-45.「誌エッダ」 "Skáldskaparmál" I（"Scandinavian Classics" vol. V, New York, 1929, p. 96)）にあるオーディン（ヴォータン）の非常によく似たエピソードを参照。また『出エジプト記』32:27 にあるヤハウェの命令「おのおの、剣を帯び、宿営を入り口から入り口まで行き巡って、おのおの自分の兄弟、友、隣人を殺せ」も参照。

第一部　英雄の旅

第一章　出立

1　『グリム童話』第１話「カエルの王子」

2　Sigmund Freud, *The Psychopathology of Everyday Life* (Standard Edition, VI; orig. 1901).（『日常生活の精神病理』）

3　Evelyn Underhill, *Mysticism, A Study in the Nature and Development of Man's Spiritual Consciousness* (New York: E. P. Dutton and Co., 1911) , Part II, "The Mystic Way," Chapter II, "The Awakening of the Self."

4　Freud, *Introductory Lectures on Psycho-Analysis* (translated by James Strachey, Standard Edition, XVI; London: Hogarth Press, 1963) , pp. 396-97 (orig. 1916-17).（『精神分析入門』）

5　Malory, *Le Morte d'Arthur,* , I, p. xix. 牡鹿を追ったことと「獲物を探している」獣を見たことは、「聖杯探求」を思わせる神秘物語の始まりで

ある。

6　George A. Dorsey and Alfred L. Kroeber, *Traditions of the Arapaho* (Chicago: Field Columbia Museum, Publication 81, Anthropological Series, vol. V; 1903) , p. 300. Reprinted in Stith Thompson, *Tales of the North American Indians* (Cambridge, MA, 1929) , p. 128.

7　C. G. Jung, *Psychology and Alchemy* (Collected Works, vol. 12; New York and London, 1953) , pars. 71, 73. (Orig. 1935.)（『心理学と錬金術』）

8　Wilhelm Stekel, *Die Sprache des Traumes* (Wiesbaden: Verlag von J. F. Bergmann, 1911) , p. 352. シュテーケル博士は、血のように赤い輝きは肺結核の喀血を思い出させるのではないかと指摘している。

9　Henry Clarke Warren, *Buddhism in Translations* (Harvard Oriental Series 3) (Cambridge, MA: Harvard University Press, 1896) , pp. 56-57 から許諾を得て転載。

10　『箴言』1:24-27, 32.

11　「聖霊に関する本ではこのラテン語の言い回しがよく引用され、人々を怯えさせてきた」(Ernest Dimnet, *The Art of Thinking* , New York: Simon and Schuster, Inc., 1929, pp. 203-4)

12　Francis Thompson, *The Hound of Heaven* (Portland, ME: Thomas B. Mosher, 1908) , 冒頭部分。

13　同上、結び。

14　Ovid, *Metamorphoses*, I, pp. 504-53 (translation by Frank Justus Miller, the Loeb Classical Library).（『変身物語』）

15　p.19~20 参照。

16　Jung, *Psychology and Alchemy*, pars. 58, 62.

17　『グリム童話』第 50 話。

18　*The Thousand Nights and One Night*, Richard F. Burton translation（バートン版）(Bombay, 1885) , vol. I, pp. 164-67.（『千夜一夜物語』）

19　『創世記』19:26。

20　Werner Zirus, *Ahasverus, der ewige Jude* (Stoff- und Motivgeschichte der deutschen Literatur 6, Berlin and Leipzig, 1930) , p. 1.

21　p.88 参照

22　Otto Rank, *Art and Artist*, translated by Charles Francis Atkinson (New York: Alfred A. Knopf, Inc., 1943) , pp. 40-41 を参照のこと。「神経症の患者と生産的にものを考えるタイプの人間を比べると、前者は明らかに、衝動的な生き方に過剰な抑制をかけて苦しんでいる。……両者は自分を新

たな形にしようと意欲的になる傾向があるため、ありのままの自分を受け入れる標準的な人とは、基本的には異なる。しかし次のような違いもある。神経症の患者は自発的に自我を作り直そうとするとき、破壊的な前段階の作業を超えないため、創造プロセス全体を自分の人格から離して観念的抽象概念にゆだねることができない。建設的にものを考えるタイプも、……自分自身を作り直すところから始める。その結果、観念的に組み立てた自我ができる［が、この場合の］自我は、創造的な意志の力を、自分の人格からそれに代わる観念に移し、自我は客観的になる。このプロセスはある程度、そしてその建設的な側面だけでなく破壊的な側面においても、本人の内面に限定されるということを理解しなければならない。したがって、『神経症的』本質に病的危機がなければ、いかなる生産的な作業も済まないのである」

23 前掲の『千夜一夜物語』（バートン版）vol. III, pp. 213-28 から要約。

24 Bruno Gutmann, *Volksbuch der Wadschagga* (Leipzig, 1914) , p. 144.

25 Washington Matthews, *Navaho Legends* (Memoirs of the American Folklore Society, vol. V, New York, 1897) , p. 109. [英雄の冒険に関するナヴァホ族の象徴表現の議論については、Jeff King, Maud Oakes, Joseph Campbell, *Where the Two Came to Their Father: A Navaho War Ceremonial*, Bollingen Series I, 2nd ed., (Princeton, NJ: Princeton University Press, 1969) , pp. 33-49; および Joseph Campbell, *The Inner Reaches of Outer Space: Myth as Metaphor and as Religion* (Novato, CA: New World Library, 2002) , pp. 63-7o; さらに同 "The Spirit Land," *Mythos: The Shaping of Our Modern Tradition* (Silver Spring, MD: Acorn Media, 2007) を参照――Ed.]

26 ダンテ『神曲　天国篇』XXXIII, 12-21 (translation by Charles Eliot Norton, *op. cit.,* vol. III, p. 252; quoted by permission of Houghton Mifflin Company, publishers).

27 Oswald Spengler, *The Decline of the West*, translated by Charles Francis Atkinson (New York: Alfred A. Knopf, Inc., 1926-28) , vol. I, p. 144 参照。さらにシュペングラーは次のように付け加えている。「もし『実在の人物』ナポレオンがマレンゴ（イタリア北西部の村。ナポレオンがオーストリア軍に大勝した地）で敗北したとすれば、ナポレオンが意味したことは、別の形で現実のものになっただろう」そういう意味で、またそのくらい、英雄というのは非人格化され、新時代を切り開く行動をとる間に、文化が変遷するダイナミズムを体現する。「ひとつの事象としての自分と他の数ある事象の間で、形而上学的リズムが調和しているのである」（同上

p. 142)。これはトマス・カーライルの、英雄である王を「全能者」とする考え方と一致する (*On Heroes, Hero-Worship and the Heroic in History,* Lecture VI)。(『西洋の没落』)

28 ヘレニズムの時代、ヘルメスとトト神が混合されて、「ヘルメスの三倍偉大な」という意味のヘルメス・トリスメギスが生まれ、技術・工芸、とくに錬金術の庇護者・指導者とされた。錬金術で用いられる密封された容器レトルトは、その中に神秘な金属を入れ、こちらとは別の世界、つまり神話学的な世界に匹敵する、力が高められる特殊な世界と考えられていた。そして中の金属は不可思議な変態・変成を見せ、まるで超自然の存在が見守る中で魂が変容するさまを思わせた。ヘルメスは古代におけるイニシエーションの神秘を司り、聖なる救い主の化身にも見られる、神の知恵の降臨を表した (pp. 509-514 参照)。Jung, *Psychology and Alchemy,* part III, "Religious Ideas in Alchemy." [Orig. 1936.] (『心理学と錬金術』第三部「錬金術における救済表象」) レトルトについては par. 338. ヘルメス・トリスメギストスについては par. 173 と索引を参照。

29 Stekel, *Die Sprache des Traumes* , pp. 70-71.

30 同上 p. 71.

31 『コーラン』37:158.

32 前掲の『千夜一夜物語』(バートン版) から翻案 vol. III, pp. 223-30.

33 p.98、蛇の夢と比較せよ。

34 Leonhard S. Schultze, *Aus Namaland und Kalahari* (Jena, 1907) , p. 392.

35 同上 pp. 404, 448.

36 David Clement Scott, *A Cyclopaedic Dictionary of the Mang'anja Language Spoken in British Central Africa* (Edinburgh, 1892) , p. 97.

次に紹介する 12 歳の少年の話と比較せよ。「ある晩、ぼくは足の夢を見ました。足は床の上に転がっていたらしいのですが、そんなことは思ってもみなかったので、ぼくはつまずいてしまいました。そいつはぼくの足とそっくりでした。すると足が急に飛び上がって、ぼくを追いかけ始めました。ぼくは窓から飛び出して、庭をぐるっと回って道に出ました。これ以上走れない、っていうくらい道を走ったんです。ウーリッジまで来たら、そいつがいきなりぼくを捕まえて、ゆすりました。それで目が覚めました。この足の夢、何回も見ました」少年は、船乗りの父親が海の事故で足首を折った話を聞いたばかりだった。(C. W. Kimmins, *Children's Dreams, An Unexplored Land,* London: George Allen and Unwin, Ltd., 1937, p. 107). フロイト博士によると、「足は古来、性的象徴で、神

話にも見られる」（*Three Essays on the Theory of Sexuality*, p. 155.『性欲論三篇』)。オイディプスという名前が「足が腫れた」という意味であることにも、注目したい。

37 Hastings, *Encyclopaedia of Religion and Ethics* vol. IV, p. 628、の V. J. Mansikka, "Demons and Spirits (Slavic)."「魔物と精霊（スラヴ編)」と比較せよ。多くの権威たちによる論文が、総見出し「魔物と精霊」の下に（アフリカ、オセアニア、アッシリア＝バビロニア、仏教、ケルト、中国、キリスト教、コプト、エジプト、ギリシア、ヘブライ、インド、ジャイナ教、日本、ユダヤ、イスラム、ペルシア、ローマ、スラヴ、チュートン、チベットなどの項目に分かれて）まとめられているが、このテーマの導入としては秀逸である。

38 同上 p. 629。ローレライと比較せよ。マンシッカは、Hanus Máchal *Nákres slovanského bájeslovi* (Prague, 1891) をもとに、スラヴの森や原野、水に棲む精霊について論じている。英訳は、Máchal の *Slavic Mythology* (*The Mythology of All Races*, vol. III, Boston, 1918) 参照。

39 Stekel, *Fortschritte und Technik der Traumdeutung* (Vienna-Leipzig-Bern: Verlag für Medizin, Weidmann und Cie., 1935) p. 37.

40 A. R. Radcliffe-Brown, *The Andaman Islanders* (2nd ed., Cambridge University Press, 1933) , pp. 175-77.

41 R. H. Codrington, *The Melanesians, Their Anthropology and Folklore* (Oxford University Press, 1891) , p. 189.

42 『ジャータカ』I:I. Eugene Watson Burlingame による訳 *Buddhist Parables* (Yale University Press, 1922) , pp. 32-34. から要約 Reprinted by permission of the publishers.

43 Ananda K. Coomaraswamy, *Journal of American Folklore* 57, 1944, p. 129.

44 『ジャータカ』55:1, 272-75. Eugene Watson Burlingame による訳から若干の要約を含め翻案。前掲書 pp. 41-44. Reprinted by permission of Yale University Press, publishers.

45 Nicholas of Cusa, *De visione Dei* 9, II; アナンダ・K・クーマラスワミーによる引用。「ただ一回だけの転生」(*Supplement to the Journal of the American Oriental Society* April—June, 1944) , p. 25.

46 Ovid, *Metamorphoses*, VII, p. 62; XV, p. 338.（『変身物語』）

47 p. 109 参照。

48 Longfellow, *The Song of Hiawatha*, VIII. ロングフェローは、イロクォイ族の族長ハイアワサの冒険だと説明するが、正しくはアルゴンキンの英

雄マナボジョの冒険である。ハイアワサは16世紀に実在した歴史上の人物。p. 435参照。

49 Leo Frobenius, *Das Zeitalter des Sonnengottes* (Berlin, 1904) , p. 85.

50 Henry Callaway, *Nursery Tales and Traditions of the Zulus* (London: Trübner, 1868) , p. 331.

51 Coomaraswamy, "Akimcanna: Self-Naughting" (*New Indian Antiquary*, vol. III, Bombay, 1940) , p. 6, note 14. トマス・アクィナス *Summa Theologica,*『神学大全』I, p. 63, 3 より引用し、論じている。

52 James G. Frazer, *The Golden Bough* (one-volume edition), pp. 347-49.（『金枝篇』）Copyright 1922 by the Macmillan Company and used with their permission.

53 同上 p. 280.

54 Duarte Barbosa, *A Description of the Coasts of East Africa and Malabar in the Beginning of the Sixteenth Century* (London: Hakluyt Society, 1866) , p. 172; フレイザーによる引用。前掲書 pp. 274-75. Reprinted by permission of the Macmillan Company, publishers.

第二章　イニシエーション

1 Apuleius, *The Golden Ass* (Modern Library edition) pp. 131-41.（『黄金の驢馬』）

2 Knud Leem, *Beskrivelse over Finmarkens Lapper* (Copenhagen, 1767) , pp. 475-78. 英訳は John Pinkerton, *A General Collection of the Best and Most Interesting Voyages and Travels in All Parts of the World* (London, 1808) , vol. I, pp. 477-78.

3 E. J. Jessen, *Afhandling om de Norske Finners og Lappers Hedenske Religion*, p. 31. この作品は、Knud Leem の前掲書中に補遺として独立したページ付けで収録されている。

4 Uno Harva, *Die religiösen Vorstellungen der altaischen Völker* ("Folklore Fellows Communications," No. 125, Helsinki, 1938) , pp. 558-59; G. N. Potanin, *Očerki ševero-zapödnoy Mongolii* (St. Petersburg, 1881) , vol. IV, pp. 64-65 参照。

5 Géza Róheim, *The Origin and Function of Culture* (Nervous and Mental Disease Monographs, No. 69) , pp. 38-39.（『文化の起源と機能』）

6 同上 p. 38.

7 同上 p. 51.

8 Evelyn Underhill、前掲書 Part II, Chapter III. 本書第一章 p.84、原注 3 と比較せよ。

9 Wilhelm Stekel, *Fortschritte und Technik der Traumdeutung*, p. 124.

10 *Svedenborgs Drömmar, 1774*, "Jemte andra hans anteckningar efter original-handskrifter meddelade of G. E. Klemming" (Stockholm, 1859) , Ignaz Ježower, の *Das Buch der Träume* (Berlin: Ernst Rowohlt Verlag, 1928) , p. 97. に引用されている。

11 Ignaz Ježower, 前掲書 p. 166.

12 Plutarch, *Themistocles*, 26 および Ježower の前掲書、p. 18.

13 Stekel, *Fortschritte und Technik der Traumdeutung*, p. 150.

14 同上 p. 153.

15 同上 p. 45.

16 同上 p. 208.

17 同上 p. 216.

18 同上 p. 224.

19 同上 p. 159.

20 同上 p. 21.

21 Stekel, *Die Sprache des Traumes*, p. 200. また、Heinrich Zimmer, *The King and the Corpse*, ed. J. Campbell (New York: Bollingen Series, 1948) , pp. 171-72; および D. L. Coomaraswamy, "The Perilous Bridge of Welfare," *Harvard Journal of Asiatic Studies* 8. を参照。

22 Stekel, *Die Sprache des Traumes* , p. 287.

23 同上 p. 286.

24 『コーラン』2:214.

25 S. N. Kramer, *Sumerian Mythology* (American Philosophical Society Memoirs, vol. XXI; Philadelphia, 1944) , pp. 86-93. シュメールの神話は西洋の人間にとって特に重要である。バビロニア、アッシリア、フェニキアの伝承、そして聖書的伝承がここから発しているからだ（聖書的伝承からはイスラム教とキリスト教が生まれている）。また、異教のケルト、ギリシア、ローマ、スラヴ、ゲルマンの宗教にも大きな影響を与えている。

26 Jeremiah Curtin, *Myths and Folk-Lore of Ireland* (Boston: Little, Brown and Company, 1890) , pp. 101-6.

27 p. 98~99 参照。

28 Ovid, *Metamorphoses*, III, 138-252. (『変身物語』)

29 J. C. Flügel, *The Psycho-Analytic Study of the Family* ("The International Psycho-Analytical Library," No. 3, 4th edition; London: The Hogarth Press, 1931) , chapters 12 and 13. と比較せよ。

フリューゲル教授によると、「心や精神、魂の観念と、父親や男らしさといった概念との間には、かなり普遍的な関係があるが、その一方で、身体または物質（質料《マテリア》：母親に属する）の観念と、母親や女性の本質といった概念との間にも、普遍的な関係がある。［ユダヤ教的キリスト教的一神論における］母親に関する感情や感覚を抑制することは、この関係があるため、人間の身体や大地、そして物質世界全体に対する疑念、侮蔑、嫌悪感や敵愾心を抱く傾向を生み出した。そしてそれに合わせるように、人間の内でも物事のしくみでも、精神的な要素を尊び過剰に強調する傾向が生まれた。哲学の著しく観念論的な傾向の多くの点が人の心を魅了するのは、母親に対するこの反応の昇華のせいかもしれない。逆に、物質主義のより教義的で偏狭な形は、もともとは母親につながっていた感覚が一度は抑制されたが再び戻ってきたことを表すかもしれない」。（同上 p. 145, note2).

30 *The Gospel of Sri Ramakrishna*, 英訳は Swami Nikhilananda の序文付き (New York, 1942) , p. 9.

31 同上 pp. 21-22.

32 Standish H. O'Grady, *Silva Gadelica* (London: Williams and Norgate, 1892) , vol. II, pp. 370-72. いろいろな翻案がある。たとえば、チョーサー『カンタベリー物語』の「バースの妻の物語」、ジョン・ガウワーの『フローレント物語』、15 世紀中期の詩『ガウェイン卿とラグネル嬢の婚礼』、17 世紀の民謡『ガウェイン卿の結婚』など。W. F. Bryan と Germaine Dempster の *Sources and Analogues of Chaucer's Canterbury Tales* (Chicago, 1941) 参照。

33 Guido Guinicelli di Magnano (1230-75?) , " Of the Gentle Heart,". Dante Gabriel Rossetti の *Dante and His Circle* (London: Ellis and White, edition of 1874) , p. 291 から英訳。

34 聖母マリア被昇天の祝日（8 月 15 日）の晩禱で歌われる交唱。ローマ・カトリック祈禱書より。

35 『ハムレット』 1 幕 2 場 ll. 129-37.

36 Sophocles, *Oedipus Coloneus*, 1615-17. (『コロノスのオイディプス』)

37 Shankaracharya, *Vivekachudamani* , pp. 396 and 414, Swami

Madhavananda の英訳より (Mayavati, 1932).

38 Jacobus de Voragine, *The Golden Legend*, LXXVI, (『黄金伝説』)「聖女ペトロネラ」(ダプネーの話と比較せよ。pp.50-51)。のちの教会は、聖ペトロが子をもうけたとは認めたくなかったので、ペトロがペトロネラの後見人だったとしている。

39 同上 CXVII.

40 Gustave Flaubert,『聖アントワーヌの誘惑（サバの女王)』

41 Cotton Mather, *Wonders of the Invisible World* (Boston, 1693) , p. 63.

42 Jonathan Edwards, *Sinners in the Hands of an Angry God* (Boston, 1742).

43 Coomaraswamy, *The Dance of Siva* (New York, 1917) , pp. 56-66.

44 Zimmer, *Myths and Symbols in Indian Art and Civilization* , pp. 151-75.

45 バラモンの織り糸は、インドの上位３つのカーストに属する者（いわゆる二度生まれる者）が身に着ける綿の糸状の飾り。輪にして左の肩から胸と背中を通って右脇の腰部まで袈裟懸けにされている。これは二度生まれる者たちの二度目の誕生を意味し、糸そのものは境界、または太陽の扉を表す。これによって二度生まれる者は、時と永遠のどちらにも同時に住むことになる。

46 AUM については本書下巻 p. 113 参照。

47 Matthews, 前掲書 pp. 110-13.

48 Ovid, *Metamorphoses*, II (Frank Justus Miller の Loeb Library より翻案). (『変身物語』)

49 Kimmins, 前掲書 p. 22.

50 Clement Wood, 前掲書 , pp. 218-19。

51 W. Lloyd Warner, *A Black Civilization* (New York and London: Harper and Brothers, 1937) , pp. 260-85.

52 Géza Róheim, *The Eternal Ones of the Dream* , pp. 72-73.

53 『コーラン』4:116, 4:117.

54 Sir Baldwin Spencer and F. J. Gillen, *The Arunta* (London: Macmillan and Co., 1927) , vol. I, pp. 201-3.

55 Róheim, *The Eternal Ones of the Dream*, pp. 49 ff.

56 同上 p. 75.

57 同上 p. 227, R. and C. Berndt, "A Preliminary Report of Field Work in the Ooldea Region, Western South Australia," *Oceania* XII (1942) , p. 323 から引用。

58 Róheim, *The Eternal Ones of the Dream*, pp. 227-28, D. Bates, *The*

Passing of the Aborigines (1939) , pp. 41-43 から引用。

59 Róheim, *The Eternal Ones of the Dream*, p. 231.

60 R. H. Mathews の "The Walloonggura Ceremony," *Queensland Geographical Journal*, N. S., XV (1899-1900) , p. 70。Róheim が *The Eternal Ones of the Dream*, p. 232 で引用。

61 K. Langloh Parker, *The Euahlayi Tribe*, 1905, pp. 72-73。Róheim が *The Eternal Ones of the Dream*, p. 232 で引用。

62 John Layard, *Stone Men of Malekula* (London: Chatto and Windus, 1942).

63 W. F. Knight, *Cumaean Gates* (Oxford: B. Blackwell, 1936) .

64 W. J. Perry, *The Children of the Sun* (New York: E. P. Dutton and Co., 1923).

65 Jane Harrison, *Themis: A Study of the Social Origins of Greek Religion* (2nd revised edition; Cambridge University Press, 1927).

66 [これはキャンベルが何度も言及する問題で、*The Flight of the Wild Gander* (third edition; Novato, CA: New World Library, 2001) の 随 想 "Mythogenesis" においては有名である ——Ed.]

67 Euripides, *The Bacchae*, 526 f.（『バッコスの信女』）

68 Aeschylus, 図 57 (Nauck)。Jane Harrison が *Themis*, p. 61 で引用。古典時代とオーストラリアのイニシエーションの儀式で、牛の唸り声がどんな役割を演じるかを論じている。牛の唸り声というテーマの導入には、Andrew Lang の *Custom and Myth* (2nd revised edition; London: Longmans, Green, and Co., 1885) , pp. 29-44 を参照のこと。

69 これらはすべて、ジェイムズ・G・フレイザー『金枝篇』で何度も取り上げられている。

70 『ヘブライ人への手紙』9:13-14.

71 Le P. A. Capus des Pères-Blancs, "Contes, chants et proverbes des Basumbwa dans l'Afrique Orientale," *Zeitschrift für afrikanische und oceanische Sprachen.*.Vol. III (Berlin, 1897) , pp. 363-64.

72 『コーラン』10:31.

73 p. 107 参照

74 p.76~77 参照。バズンブワ族（死神の物語）とワチャガ族（キャジンバの物語）は東アフリカ人であり、ヨルバ族（エシュの物語）はナイジェリアの西海岸に住む。

75 『コーラン』6:59, 6:60.

76 『ルカによる福音書』2:7.

77 Ovid, *Metamorphoses,* VIII, pp. 618-724.（『変身物語』）

78 『コーラン』2:115.

79 『カタ・ウパニシャッド』3:12.

80 『トマスによる福音書』77.

81 『ヨブ記』40:7-14.

82 同上 42:5-6.

83 同上 42:16-17.

84 Leon Stein, "Hassidic Music," *The Chicago Jewish Forum*, vol. II, No. I (Fall 1943) , p. 16.

85 *Pranja-Paramita-Hridaya Sutra*;『大般若経』"Sacred Books of the East," vol. XLIX, Part II, p. 148; および p. 154.

86 *Vajracchedika*『金剛経』("The Diamond Cutter"),17; 同上 p. 134.

87 p. 132 と比較せよ。

88 *Amitayur-Dhyana Sutra*,『観無量寿経』19; "Sacred Books of the East," vol. XLIX, Part II, pp. 182-83.

89 「わたしは、男にとってはヘルメスである。女にはアフロディテとして姿を見せる。両親の印を両方備えているから」(*Anthologia Graeca ad Fidem Codices*, vol. II).

「体の一部は父親から、残りは母親から受け継いでいる」(Martial, *Epigrams*, 4, 174; Loeb Library, vol. II, p. 501.

両性具有（ヘルマフロディトゥス）について、オウィディウスは *Metamorphoses,* IV, pp. 288 ff（『変身物語』）で説明している。

古典的な両性具有の姿は、その多くが現代まで伝えられている。Hugh Hampton Young の *Genital Abnormalities, Hermaphroditism, and Related Adrenal Diseases* (Baltimore: Williams and Wilkins, 1937) , Chapter I, "Hermaphroditism in Literature and Art." を参照。

90 Plato, *Symposium*, 178.（『饗宴』）

91 『創世記』1:27.

92 *Midrash*、『創世記』の注釈集、ラッバ 8:1.

93 p. 134 参照。

94 本書下巻 p. 129~134 参照。

95 ジェイムズ・ジョイスの次の文と比較せよ。「天国の経済秩序では、……結婚はこれ以上存在せず、両性具有の天使である神聖で輝ける男が、自らの妻となる」(*Ulysses*,『ユリシーズ』Modern Library edition, p. 210).

96 ソフォクレス『オイディプス王』。Ovid, *Metamorphoses,* III, pp. 324ff.,

511, および 516（『変身物語』）も参照。聖職者や神、予言者といった他の両性具有の例については、ヘロドトス『歴史』4, 67 (Rawlinson edition, vol. III, pp. 46-47)、テオプラストス *Characteres,* 16. 10-11（『人さまざま』）、J. Pinkerton の *Voyage and Travels,* Chapter 8, p. 427、および Alexander Hamilton の "A New Account of the East Indies" 参照。これらは H. H. Young が前掲書 pp. 2、9 で引用している。

97 Zimmer の *Myths and Symbols in Indian Art and Civilization,* 本書下巻図 70 参照。

98 図 34 参照。

99 B. Spencer and F. J. Gillen, *Native Tribes of Central Australia* (London, 1899) , p. 263 および Róheim, *The Eternal Ones of the Dream,* pp. 164-65 参照。割礼によって、両性具有に見られるある種の尿道下裂に似た事態が人工的に引き起こされる。Young の前掲書 p. 20 に掲載のマリー・アンジェの写真を参照。

100 Róheim, *The Eternal Ones of the Dream,* p. 94.

101 同上 pp. 218-19.

102 以下の法蔵菩薩についての記述と比較せよ。「口から香るのは、天上の香りよりも甘い白檀の匂い。毛穴という毛穴からは蓮の香りが漂う。菩薩は皆を癒し、慈悲深く美しく、鮮やかな色彩に満ちていた。その身体はあらゆる良き印が飾り、毛穴からも手のひらからも、ありがたい飾りが花やお香、芳香、花輪、薬膏、傘、旗、のぼりや、あらゆる種類の楽器の形になって立ち昇った。また両の手から、あらゆる食物、飲み物、堅い物、柔らかい物、甘い物、そして楽しみ喜びが現れた」(*The Larger Sukhavati-Vyuha, 10,*『大無量寿経』 "Sacred Books of the East," vol. XLIX, Part II, pp. 26-27).

103 Róheim, *War, Crime, and the Covenant,* p. 57.

104 同上 pp. 48-68.

105 『サムエル記上』17:26.

106 『コーラン』4:104.

107 「なぜならどんなときも憎しみは憎しみによって終わらない。憎しみは愛によって終わる。これは昔からの決まりである」(Buddhist *Dhammapada*『法句経』1:5, "Sacred Books of the East," vol. X, Part I, p. 5; translation by F. Max Müller).

108 『ルカによる福音書』6:27-36.

109 Professor Robert Phillips, *American Government and Its Problems,*

Houghton Mifflin Company, 1941, および Dr. Karl Menninger, *Love Against Hate*, Harcourt, Brace and Company, 1942, p. 211 に再録。

110 『マタイによる福音書』22:37-40、『マルコによる福音書』12:28-34、『ルカによる福音書』10:25-37。イエスは「すべての人々に説く」ように弟子を送ったとされる(『マタイによる福音書』28:19)が、耳を貸さない者たちを迫害や略奪で苦しめたり、現世の権力に引き渡したりしてはならない、とも言っている。「わたしはあなたがたを遣わす。それは、狼の群れに羊を送り込むようなものだ。だから、蛇のように賢く、鳩のように素直になりなさい」(同 10:16)。

111 『マタイによる福音書』7:1.

112 「祭司の一団は待ち受ける強盗のように/シケムへの道で人を殺す……彼らは悪事によって王を/欺きによって高官たちを喜ばせる」(『ホセア書』6:9; 7:3)。

113 Menninger 前掲書 pp. 195-196.

114 Swami Nikhilananda, *The Gospel of Sri Ramakrishna,* New York, 1941, p. 559.

115 Rumi, *Mathnawi*, 2. 2525.

116 「大尊者であり菩薩であるミラレパ(A.D. 1051 ~ 1135 年頃)の最後の教訓の歌」。ラマ僧カジ・ダワ・サンドゥプ英訳、W.Y.Evans-Wentz 編集 *Tibet's Great Yogi Milarepa* (Oxford University Press, 1928) の、尊者ミラレパの伝記 *Jetsün-Kahbum*, p. 285 より。

117 「ミラレパのヨーガ的教訓の歌」同上 p. 273.

118 Evans-Wentz, "Hymn of Milarepa in praise of his teacher,"(「ミラレパが師を讃える歌」) p. 137.

119 同じ考え方が『ウパニシャッド』によく出てくる。「こちら側の自己はあちら側の自己に自らを与え、あちら側の自己はこちら側の自己に自らを与える。こうして双方とも互いを得るのである。人はこの形であちらの世界を得、あの形でこちらの世界を経験する」(*Aitareya Aranyaka*『アーイタリーヤ・アーランヤカ』2. 3. 7)。またイスラム世界の神秘主義者にもこの考え方はある。「30 年間、超越した神はわたしの鏡だった。今や、わたしは自分自身の鏡である。つまり、わたしはかつてのわたしではなく、超越した神は神自身の鏡なのだ。わたしは自分の鏡であると言うが、それは神がわたしの口を借りて語るのである。わたしは消滅した」(Bayazid, T. W. Arnold and A. Guillaume 編 *The Legacy of Islam*, Oxford Press, 1931, p. 216 での引用)。

120　「蛇が脱皮するように、わたしはバヤズィドを脱いだ。そして見渡した。すると愛する者と愛される者、そして愛そのものが一つになっていた。一体化する世界では、すべての物がひとつになるのだから」（Bayazid, 同上）。

121　『ホセア書』6:1-3.

122　『ブリハダーランヤカ・ウパニシャッド』1. 4. 3。本書下巻 p. 131~132参照。

123　Coomaraswamy, *Hinduism and Buddhism* (New York: The Philosophical Library, no date) , p. 63.

124　Sigmund Freud, *Beyond the Pleasure Principle*（『快楽原則の彼岸』、James Strachey による英訳、Standard Edition, XVIII; London: The Hogarth Press, 1955）。Karl Menninger の *Love against Hate*, p. 262 も参照のこと。

125　『金剛経』32; "Sacred Books of the East," 前掲書 p. 144.

126　『般若心経』および同上 p. 153.

127　龍樹『中論』。

「何が不死で何が死すべきかは、ほどよく調和している。なぜならそれらは一つではなく、分かれてもいないから」（アシュヴァゴーシャ）

クーマラスワミー博士はこの文を引用して次のように書いている。「この考え方は、『どんな煩悩も悟りであり、どんな輪廻も涅槃である *Yas klésas so bodhi, yas samsāras tat nirvānum*』という金言に、ドラマチックに力強く表現されている（Coomaraswamy, *Buddha and the Gospel of Buddhism*, New York: G. P. Putnam's Sons, 1916, p. 245)。

128　『バガヴァッド・ギータ』6:29, 6:31。

これは、イーヴリン・アンダヒルが説明するところの「奥義道の目標点、真の統合的生活、聖なる豊穣の状態、神格化」（前掲書）を完全に成就したことを表している。しかしトインビー博士（p.40）と同じようにアンダヒルも、この考え方がキリスト教に特有なものだという、よくある誤解をしている。ザルモニ博士によると「西洋人の見解は今日にいたるまで、自己主張を求められたために、誤った方向に曲げられてきた、と言うのが無難である」(Alfred Salmony, "Die Rassenfrage in der Indienforschung," *Sozialistische Monatshefte*, 8, Berlin, 1926, p. 534).

129　Coomaraswamy, *Hinduism and Buddhism*, p. 74.

130　E. T. C. Werner, *A Dictionary of Chinese Mythology* (Shanghai, 1932) , p. 163 参照。

131　岡倉覚三［天心］『茶の本』*The Book of Tea* (New York, 1906) 参照。

また、鈴木貞太郎［大拙］『禅論』*Essays in Zen Buddhism* (London, 1927)、およびラフカディオ・ハーン *Japan* (New York, 1904)（『神国日本――解明への一試論』）も参照のこと。［茶道の象徴についてのキャンベルの探求は、*Myths of Light: Eastern Metaphors of the Eternal*, edited by David Kudler (Novato, CA: New World Library, 2003) , pp. 133-36 を参照――Ed.］

132 Morris Edward Opler, *Myths and Tales of the Jicarilla Apache Indians* (Memoirs of the American Folklore Society, vol. XXXI, 1938) , p. 110.

133 p. 228 と比較せよ。

134 p. 172 参照。

135 p. 169 参照。

136 Zimmer, *Myths and Symbols in Indian Art and Civilization*, pp. 210-14 を参照。

137 ヒンドゥー教の踊るシヴァ神（p.195）が手に持っている創造の太鼓と比較。

138 Curtin, 前掲書 pp. 106-7.

139 Melanie Klein, *The Psycho-Analysis of Children*, The International Psycho-Analytical Library, No. 27 (1937) 参照。

140 Róheim, *War, Crime, and the Covenant,* pp. 137-38.

141 Róheim, *The Origin and Function of Culture*, p. 50.（『文化の起源と機能』）

142 同上 pp. 48-50.

143 同上 p. 50. 素手で火の中にある炭をとりだし、斧を自分の足に打ち付けても不滅であるシベリアのシャーマンと比較せよ。（p.149 参照）

144 体の外にある魂については、Frazer, *The Golden Bough* を参照。pp. 667-91.

145 同上 p. 671.

146 Pierce, *Dreams and Personality*, p. 298.

147 "The Descent of the Sun," in F. W. Bain, *A Digit of the Moon* (New York: G. P. Putnam's Sons, 1910) , pp. 213-325.

148 Róheim, *The Eternal Ones of the Dream*, p. 237. この護符はテュルンガ（またはチュリンガ）と呼ばれ、その若者のトーテム祖先を表す。若者は割礼のときもテュルンガをもらっているが、それは母方のトーテム祖先である。さらにさかのぼって生まれたときも、揺りかごにお守りとしてテュルンガを入れる。牛の唸り声はテュルンガの一種である。ローハ

イムは次のように書いている。「テュルンガは物による身代りで、中央オーストラリアの信仰でテュルンガと最も深く関わる超自然的な存在は、目には見えない先住民の生霊である。……テュルンガと同じようにこの超自然的な存在は、守る対象である実在の人間の *arpuna mborka*（別の身体）、と呼ばれる」（同上 p. 98）

149 『イザヤ書』66:10-12.

150 Louis Ginzberg 前掲書 vol, 1, pp. 20, 26-30. 救世主の晩餐については vol. V pp. 43-46 を参照。

151 ダンテ『神曲　天国篇』II, 1-9. Translation by Norton, *op. cit.*, vol. III, p. 10; by permission of the Houghton Mifflin Company, publishers.

152 『ラーマーヤナ』I, 45、『マハーバーラタ』I, 18、『マツヤ・プラーナ』249-51 など多数。Zimmer, *Myths and Symbols in Indian Art and Civilization*, pp. 105 ff 参照。

153 Marco Pallis, *Peaks and Lamas* (4th edition; London: Cassell and Co., 1946) , p. 324.

154 *Shri-Chakra-Sambhara Tantra* Volume VII of "Tantric Texts" (London, 1919) , p. 41。チベット語からの英訳は Lama Kazi Dawa-Samdup。Sir John Woodroffe（ペンネーム Arthur Avalon）編集。「目に見える神々の神性に万が一疑いが生じるなら、『この女神は身体の記憶にすぎない』と言って、神々が道であることを思い出すべきである」（上記引用文中）。「タントラ」という言葉については、本書 p. 170 および p. 253~257（タントラ仏教）参照のこと。

155 C. G. Jung, "Archetypes of the Collective Unconscious" (orig. 1934; Collected Works, vol. 9, part i; New York and London, 1959)『集合無意識のいくつかの元型』）と比較せよ。

　J・C・フリューゲル博士は次のように書いている。「疑似人格化した父なる神が精神の外に実在するといまだに考える人も多いだろう。とはいえ、そのような神が純粋に精神から生まれたことはすでに明らかになっている」(*The Psycho-Analytic Study of the Family*, p. 236)

156 ダンテ『神曲　天国篇』XXXIII, 82 ff.

157 p. 255 参照。

158 J. F. Stimson, *The Legends of Maui and Tahaki* (Bernice P. Bishop Museum Bulletin, No. 127; Honolulu, 1934) , pp. 19-21.

159 Bruno Meissner, "Ein altbabylonisches Fragment des Gilgamosepos," *Mitteilungen der vorderasiatischen Gesellschaft*, VII, 1; Berlin, 1902, p. 9.

160　たとえば『カタ・ウパニシャッド』1:21, 23-25を参照。

161　これはP. Jensen, *Assyrisch-babylonische Mythen und Epen* (Kellinschriftliche Bibliothek, VI, I; Berlin, 1900) , pp. 116-273を訳したもの。引用している詩はpp. 223, 251, 251-53より。Jensenは現存する主要なテキスト、アッシュールバニパル王の図書館（紀元前668～前626年）にあるアッシリア語版を逐語訳している。もっと古いバビロニア語版の断片（p. 276参照）、さらに古いシュメール語のオリジナルの断片（紀元前3000年期）も発見され、解読されている。

162　葛洪《かつこう》（抱朴子という名でも知られている）『内篇』Chapter VII（英訳はObed Simon Johnson, *A Study of Chinese Alchemy*, Shanghai, 1928, p. 63).

葛洪は、ほかにも興味深い処方を考案した。身体に「浮揚感と享楽」を与えるものや、水上を歩行する能力を与えるものもあった。葛洪の中国哲学における位置については、Alfred Forkeの“Ko Hung, der Philosoph und Alchimist,” *Archiv für Geschichte der Philosophie*, XLI, 1-2 (Berlin, 1932) , pp. 115-26を参照のこと。

163　Herbert A. Giles, *A Chinese Biographical Dictionary* (London and Shanghai, 1898) , p. 372.

164　タントラの格言。

165　『老子』16 (translation by Dwight Goddard, *Laotzu's Tao and Wu Wei*, New York, 1919, p. 18). p. 227参照。

166　ダンテ『神曲　天国篇』XXXIII, 49-57 (translation by Norton, *op. cit.*, vol. III, pp. 253-54, by permission of Houghton Mifflin Company, publishers).

167　『ケーナ・ウパニシャッド』1:3 (translation by Swami Sharvananda; Sri Ramakrishna Math, Mylapore, Madras, 1932).

168　詩エッダ“Hovamol,” 139 (translation by Henry Adams Bellows, The American Scandinavian Foundation, New York, 1923).

169　*Jataka*（『ジャータカ』）序章i, 75 (reprinted by permission of the publishers from Henry Clarke Warren, *Buddhism in Translations* [Harvard Oriental Series 3], Cambridge, MA: Harvard University Press, 1896, pp. 82-83).

翻訳分担

《上巻》

序文、プロローグ、第一部第一章〜第二章（原注とも）：斎藤静代

《下巻》

第一部第三章〜第二部第二章（原注とも）：倉田真木

第二部第三章〜第四章、エピローグ（原注、図版リストとも）：関根光宏

◆訳者略歴

倉田真木（くらた・まき）

翻訳家。訳書に、バーンスティン『どんなときでも、小さな奇跡は起こせる』、モリス『ノア　約束の舟』、アリソンほか『リー・クアンユー、世界を語る』ほか多数。

斎藤静代（さいとう・しずよ）

翻訳家。訳書に、ハーグリーヴス『ドラゴン』、ワーナー『ロシアの神話』、ウォーカー『オードリー　リアル・ストーリー』ほか。

関根光宏（せきね・みつひろ）

翻訳家。訳書に、ストーン＆カズニック『オリバー・ストーンが語る　もうひとつのアメリカ史 2』（共訳）、ワイナー『世界しあわせ紀行』（以上早川書房刊）ほか多数。

色のない島へ

——脳神経科医のミクロネシア探訪記

The Island of the Colorblind

オリヴァー・サックス

大庭紀雄監訳　春日井晶子訳

ハヤカワ文庫ＮＦ

川上弘美氏著『大好きな本』で紹介！
閉ざされた島に残る謎の風土病の原因とは？

モノトーンの視覚世界をもつ人々の島、原因不明の神経病が多発する島——ミクロネシアの小島を訪れた脳神経科医が、歴史や生活習慣を探り、思いがけない仮説に辿りつく。美しく豊かな自然とそこで暮らす人々の生命力を力強く描く感動の探訪記。解説／大庭紀雄

赤の女王　性とヒトの進化

The Red Queen
マット・リドレー
長谷川眞理子訳
ハヤカワ文庫ＮＦ

人間はいかに進化してきたか？
「性」の意味を考察する

ヒトにはなぜ性が存在するのか。普遍的な「人間の本性《ヒューマン・ネイチャー》」なるものはあるのか。それは男女間で異なるのか、そして私たちの行動にどのように影響しているのか。進化生物学に基づいて性の起源と進化の謎に迫る。大隅典子氏（東北大学大学院医学系研究科教授）推薦

HM=Hayakawa Mystery
SF=Science Fiction
JA=Japanese Author
NV=Novel
NF=Nonfiction
FT=Fantasy

千《せん》の顔《かお》をもつ英雄《えいゆう》
〔新訳版〕
〔上〕

〈NF452〉

二〇一五年十二月二十五日　発行
二〇一六年十一月十五日　五刷
（定価はカバーに表示してあります）

著者　ジョーゼフ・キャンベル
訳者　倉《くら》田《た》真《ま》木《き》　斎《さい》藤《とう》静《しず》代《よ》　関《せき》根《ね》光《みつ》宏《ひろ》
発行者　早川　浩
発行所　株式会社　早川書房
郵便番号　一〇一 - 〇〇四六
東京都千代田区神田多町二ノ二
電話　〇三 - 三二五二 - 三一一一（大代表）
振替　〇〇一六〇 - 三 - 四七七九九
http://www.hayakawa-online.co.jp

印刷・三松堂株式会社　製本・株式会社フォーネット社
Printed and bound in Japan
ISBN978-4-15-050452-6 C0114

本書は活字が大きく読みやすい〈トールサイズ〉です。